墨人 著

本全集保留作者手批手稿

墨人博士作品全集【全60冊】

第五冊 年年作客伴寒窗

文史哲出版社印行

國家圖書館出版品預行編目資料

墨人博士作品全集 / 墨人著 -- 初版 -- 臺北
市:文史哲, 民 100.12
頁： 公分
ISBN 978-957-549-987-7 (全套 60 冊：平裝)

1.現代文學 2. 中國文學 3.別集

848.6 100022602

墨人博士作品全集【全60冊】

第五冊 年年作客伴寒窗

著 者：墨 人
出版者：文 史 哲 出 版 社
http://www.lapen.com.tw
登記證字號：行政院新聞局版臺業字五三三七號
發行人：彭 正 雄
發行所：文 史 哲 出 版 社
印刷者：文 史 哲 出 版 社
臺北市羅斯福路一段七十二巷四號
郵政劃撥帳號：一六一八〇一七五
電話886-2-23511028 · 傳真886-2-23965656

【全60冊】定價新臺幣 36,800 元

中華民國一百年（2011）十二月初版

ISBN 978-957-549-987-7 08992

墨人博士著作品全集　總　目

一、散文類

二、長篇小說

三、中短篇小說散文合集

四、詩詞及論評

附：外篇

墨人的一部文學千秋史

張萬熙先生，筆名墨人，江西九江人，民國九年生。爲一位享譽國內外名小說家、詩人、學者。歷任軍、公、教職。六十五歲始自從國民大會簡任一級加年功俸的資料組長兼圖書館長公職崗位退休，但已是中國文壇上一位閃亮的巨星。出版有：《全唐詩尋幽探微》、《紅樓夢的寫作技巧》、二百九十多萬字的大長篇小說《紅塵》、《白雪青山》、《春梅小史》；詩集：《哀祖國》；散文集：《小園昨夜又東風》……。民國五十年、五十一年連續以短篇小說，兩次入選維也納納富出版公司出版的《世界最佳小說選集》。七十歲時自東吳大學中文系教席二度退休，仍著述不輟，爲國寶級文學家。墨人博士在臺勤於創作六十多年（在大陸時期已創作十年），並以其精通儒、釋、道之學養，綜理戎機、參贊政務、作育英才，更以其對傳統文學的精湛造詣，與對新文藝的創作，在國際上贏得無數榮譽，如：美國世界大學榮譽文學博士、美國馬奎士國際大學榮譽文學博士、美國艾因斯坦國際學院榮譽人文學博士（包括哲學、文學、藝術、語言四類）、英國劍橋國際傳記中心副總裁（代表亞洲）、英國莎士比亞詩、小說與人文學獎得主，現在出版《全集》中。

壹、家世・堂號

張萬熙先生，江西省德化人（今九江），先祖玉公，明末時以提督將軍身份鎮守雁門關，蒙古騎兵入侵，戰死於東昌，後封為「河間王」。其子輔公，進士出身，歷任文官。後亦奉召領兵「三定交趾」，因戰功而封為「定興王」。其子貞公亦有兵權，因受奸人陷害，自蘇州嘉定（即今上海市一區），謫居潯陽（今江西九江）。祖宗牌位對聯為：嘉定源流遠，潯陽歲月長；右書「清河郡」、左寫「百忍堂」。

貳、來臺灣的過程

民國三十八年，時局甚亂，張萬熙先生攜家帶眷，在兵荒馬亂人心惶惶時，張先生從湖南長沙火車站，先將一千多度的近視眼弱妻，與四個七歲以下子女，從車窗口塞進車廂，自己則擠在廁所內動彈不得，千辛萬苦的從湖南長沙搭火車南下廣州，從廣州登商輪來臺。七月三日抵基隆，由同學顧天一先生，接到臺北縣永和鎮鄉下暫住。

參、在臺灣一甲子奮鬥的過程

一、初到臺灣的生活

家小安頓妥後，張萬熙先生先到臺北萬華，一家新創刊的《經濟快報》擔任主編，但因財務不濟，四個月不到便草草結束。幸而另謀新職，舉家遷往左營擔任海軍總司令辦公室秘書，負責紀錄整理所有軍務會報紀錄。

民國四十六年，張先生自左營來臺北任職國防部史政局編纂《北伐戰史》（歷時五年多浩大工程，編成綠布面精裝本、封面燙金字《北伐戰史》叢書），完成後在「八二三」炮戰前夕又調任國防部總政治部，主管陸、海、空、聯勤文宣業務，四十七歲自軍中正式退役後轉任文官，在臺北市中山堂的國民大會主編研究世界各國憲法政治的十六開大本的《憲政思潮》，作者、譯者都是台灣大學、政治大學的教授、系主任，首開政治學術化先例。

張先生從左營遷到臺北大直海軍眷舍，只是由克難的甘蔗板隔間眷舍改爲磚牆眷舍，大小一般，但邊間有一片不小的空地，子女也大了，不能再擠在一間房屋內，因此，張先生加蓋了三間竹屋安頓他們。但眷舍右上方山上是一大片白色天主教公墓，在心理上有一種「與鬼爲鄰」的感覺。張夫人有一千多度的近視眼，她看不清楚，子女看見嘴裡不講，心裡都不舒服。張先生自軍中假退役後，只拿八成俸。

張先生因爲有稿費、版稅，還有些積蓄，除在左營被姓譚的同學騙走二百銀元外，剩下的積蓄還可以做點別的事。因爲住左營時在銀行裡存了不少舊臺幣，那時左營中學附近的土地只要三塊多錢一坪，張先生可以買一萬多坪。但那時政府的口號是「一年準備，兩年反攻，三年掃蕩，五年成功。」張先生信以爲真，三十歲左右的人還是「少不更事」，平時又忙著上班、寫作，實在不懂政治、經濟大事，以爲政府和「最高領袖」不會騙人，五年以內真的可以回大陸，張先生又有「戰士授田證」。沒想到一改用新臺幣，張先生就損失一半存款，呼天不應。但天理不容，姓譚的同學不但無后，也死了三十多年，更沒沒無聞。張先生作人、看人的準則是：無論幹什麼都是「誠信」第一，因果比法律更公平、更準。欺人不可欺心，否則自食其果。

二、退休後的寫作生活

張先生四十七歲自軍職退休後，轉任台北市中山堂國大會主編十六開大本研究各國憲法政治的《憲政思潮》十八年，時任簡任一級資料組長兼圖書館長。並在東吳大學兼任副教授二十年、香港廣大學院指導教授、講座教授、指導論文寫作、不必上課。六十四歲時即請求自公職提前退休，以業務重要不准，但取得國民大會秘書長（北京朝陽大學法律系畢業）何宜武先生的首肯，六十五歲依法退休。當時國民大會、立法院、監察院簡任一級主管多延至七十歲退休，因所主管業務富有政治性，與單純的行政工作不同，六十五歲時張先生雖達法定退休年齡，還是延長了四個月才正式退休，何秘書長宜武大惑不解地問張先生：「別人請求延長退休而不可得，你爲什麼反而要求退休？」張先生答以「專心寫作」，何秘書長才坦然不疑。退休後日夜寫作，因胸有成竹，很快完成了一百九十多萬字的大長篇小說《紅塵》，在鼎盛時期的《臺灣新生報》連載四年多，開中國新聞史中報紙連載最大長篇小說先河。但報社還不敢出版，經讀者熱烈反映，才出版前三大冊。當年十二月即獲行政院新聞局「著作金鼎獎」與嘉新文化基金會「優良著作獎」，亦無前例。《台灣新生報》又出九十三章至一百二十二章，只好名爲《續集》。墨人在書前題五言律詩一首：

浩劫未埋身，揮淚寫紅塵，非名非利客，孰晉孰秦人？
毀譽何清問？吉凶自有因。天心應可測，憂道不憂貧。

二○○四年初，巴黎 youfeng 書局出版豪華典雅的法文本《紅塵》，亦開「五四」以來中文作家大長篇小說進入西方文學世界重鎮先河。時爲巴黎舉辦「中國文化年」期間，兩岸作家多由政府資助出席，張先生未獲任何資助，亦未出席，但法文本《紅塵》卻在會場展出，實爲一大諷刺。張先生一生「只問耕耘，不問收穫」的寫作態度，七十多年來始終如一，不受任何外在因素影響。

肆、特殊事蹟與貢獻

一、《紅塵》出版與中法文學交流

《紅塵》寫作時間跨度長達一世紀，由清朝末年的北京龍氏家族的翰林第開始，寫到八國聯軍、滿清覆亡、民國初建、八年抗日、國共分治下的大陸與臺灣，續談臺灣的建設發展、開放大陸探親等政策。空間廣度更遍及大陸、臺灣、日本、緬甸、印度，是一部中外罕見的當代文學鉅著。墨人五十七歲時應邀出席在西方文藝復興聖地佛羅倫斯所舉辦的首屆國際文藝交流大會，會後環遊地球一周。七十歲時應邀訪問中國大陸四十天，次年即出版《大陸文學之旅》。《紅塵》一書最早於臺灣新生報連載四年多，並由該報連出三版，臺灣新生報易主後，將版權交由昭明出版社出版定本六卷。由於本書以百年來外患內亂的血淚史爲背景，寫出中國人在歷史劇變下所顯露的生命態度、文化認知、人性的進取與沉淪，引起中外許多讀者極大共鳴與回響。

旅法學者王家煜博士是法國研究中國思想的權威，曾參與中國古典文學的法文百科全書翻譯工作，他認爲深入的文化交流仍必須透過文學，而其關鍵就在於翻譯工作。從五四運動以來，中西文化交流一直是西書中譯的單向發展。直到九十年代文建會提出「中書外譯」計畫，臺灣作家才逐漸被介紹到西方，如此文學鉅著的翻譯，算是一個開始。

王家煜在巴黎大學任教中國上古思想史，他指出《紅塵》一書中所引用的詩詞以及蘊含中國思想的博大精深，是翻譯過程中最費工夫的部分。爲此，他遍尋參考資料，並與學者、詩人討論，歷時十年終於完成《紅塵》的翻譯工作，本書得以出版，感到無比的欣慰。他笑著說，這可說是「十年寒窗」。

《紅塵》法文譯本分上下兩大冊，已由法國最重要的中法文書局「友豐書店」出版。友豐負責人潘立輝謙沖寡言，三十年多來，因對中法文化交流有重大貢獻而獲得法國授予文化「騎士勳章」的榮譽。他於五年前開始成立出版部，成爲歐洲一家以出版中國圖書法文譯著爲主業的華人出版社。

潘立輝表示，王家煜先生的法文譯筆典雅、優美而流暢，使他收到「紅塵」譯稿時，愛得不忍釋手，他以一星期的時間一口氣看完，經常讀到凌晨四點。他表示出版此書不惜成本，不太可能賺錢，卻感到十分驕傲，因爲本書能讓不懂中文的旅法華人子弟，更瞭解自己文化根源的可貴之處，同時，本書的寫作技巧必對法國文壇有極大影響。

二、不擅作生意

張先生在六十五歲退休之前，完全是公餘寫作，在軍人、公務員生活中，張先生遭遇的挫折不少。軍職方面，張先生只升到中校就不做了，因爲過去稱張先生爲前輩、老長官的人都成爲張先生的上司，張先生怎麼能做？因爲張先生的現職是軍聞社資料室主任（他在南京時即任國防部新創立的「軍事新聞總社」實際編輯主任，因言守元先生是軍校六期老大哥，未學新聞，不在編輯之列）。但張先生以不求官，只求假退役，不擋人官路，這才退了下來。那時養來亨雞風氣盛行，在南京軍聞總社任外勤記者的姚秉凡先生頭腦靈活，他即時養來亨雞，張先生也「東施效顰」，結果將過去稿費積蓄全都賠光。

三、家庭生活與運動養生

張先生大兒子考取中國廣播公司編譯，結婚生子，廿七年後才退休，長孫修明取得美國南加州大學電機碩士學位，之後即在美國任電機工程師。五個子女均各婚嫁，小兒子選良以獎學金取得美國華盛頓大學化學工程博士，媳蔡傳惠爲伊利諾理工學院材料科學碩士，兩孫亦已大學畢業就業，落地生根。

張先生兩老活到九十一、九十二歲還能照顧自己。（近年以一印尼女「外勞」代做家事）張先生一伏案寫作四、五小時都不休息，與臺大外文系畢業的長子選翰兩人都信佛，六十五歲退休後即吃全素。低血壓十多年來都在五十五至五十九之間，高血壓則在一百一十左右，走路「行如風」，年輕人很多都跟不上張先生，比起初來臺灣時毫不遜色，這和張先生運動有關。因爲張先生住大直後山海軍眷舍八年，眷舍右上方有一大片白色天主教公墓，諸事不順，公家宿舍小，又當西曬，張先生靠稿費維持七口之家和五個子女的教育費。三伏天右手墊墳著毛巾，背後電扇長吹，三年下來，得了風濕病，手都舉不起來，花了不少錢都未治好。後來章斗航教授告訴張先生，圓山飯店前五百完人塚廣場上，有一位山西省主席閻錫山的保鑣王延年先生在教太極拳，勸張先生天一亮就趕到那裡學拳，一定可以治好。張先生一向從善如流，第二天清早就向王延年先生報名請教，王先生有教無類，收張先生這個年已四十的學生，王先生先不教拳，只教基本軟身功攀腿，卻受益非淺。

四、耿直的公務員性格

張先生任職時向來是「不在其位，不謀其政」。後來升簡任一級組長，有一位「地下律師」的專員，平時鑽研六法全書，混吃混喝，與西門町混混都有來往，他的前任為大畫家齊白石女婿，平日公私不分，是非不明，借錢不還，沒有口德，人緣太差，又常約那位「地下律師」專員到家中打牌。那專員平日不簽到，甚至將簽到簿撕毀他都不哼一聲，因為為他多報年齡，屆齡退休時想更改年齡，但是得罪人太多，金錢方面更不清楚，所以不准再改年齡，組長由張先生繼任。

張先生第一次主持組務會報時，那位地下律師就在會報中攻擊圖書科長，張先生立即申斥，並宣佈記過。簽報上去處長都不敢得罪那地下律師，又說這是小事，想馬虎過去，張先生以秘書處名譽紀律為重，非記過不可，讓他去法院告張先生好了。何宜武祕書長是學法的，他看了張先生簽呈同意記過，那位地下律師「專員」不但不敢告，只暗中找一位不明事理的國大「代表」來找張先生的麻煩。因事先有人告訴他，張先生完全不理那位代表，他站在張先生辦公室門口不敢進來，幾分鐘後悄然而退。人不怕鬼，鬼就怕人。諺云：「一正壓三邪」，這是經驗之談。直到張先生退休，那位專員都不敢惹事生非，西門町流氓也沒有找張先生的麻煩，當年的代表十之八九已上「西天」，張先生活到九十二歲還走路「行如風」，一坐到書桌，能連續寫作四、五小時而不倦，不然張先生怎麼能在兩岸出版約三千萬字的作品？

（原載新文豐《紮根台灣六十年》，墨人民國一百年十一月十三日校正）

墨人博士作品全集

文學是千秋藝業
秦皇漢武今何在
李白杜甫仍風流

全集共八分四大類
一、散文類 二、小說類
三、文學理論類
四、新詩古典詩詞類

我出生於一個「萬般皆下品，惟有讀書高」的傳統文化家庭，且深受佛家思想影響，因祖母信佛，兩個姑母先後出家，大姑母是帶著賠嫁的錢購買依山傍水風景很好，上名山廬山的必經之地的「天后宮」出家的，小姑母的廟則在鬧中取靜的市區。我是父母求神拜佛後出生的男子，並寄名佛下，乳名聖保，上有二姊下有一妹都夭折了，在那個重男輕女的時代！我自然水漲船高了。我記得四、五歲時一位面目清秀，三十來歲文質彬彬的李瞎子替我算命，母親問李瞎子，我的命根穩不穩？能不能養大成人？李瞎子說我十歲行運，幼年難免多病，可以養大成人，但是會遠走高飛。母親聽了憂喜交集，在那個時代不但妻以夫貴。也以子貴，有兒子在身邊就多了一層保障。母親的心理壓力很大，李瞎子的「遠走高飛」那句話可不是一句好話。

到現在八十多年了，我還記得十分清楚。母親暗自憂心。何況科舉已經廢了，不必「進京趕考」，更不會「當兵吃糧」，安安穩穩作個太平紳士或是教書先生不是很好嗎？我們張家又是大族，人多勢眾，不會受人欺侮，何況二伯父的話此法律更有權威，人人敬仰，去外地「打流」又有什麼好處？因此我剛滿六歲就正式拜孔夫子入學啓蒙，從《三字經》、《百家姓》、《千字文》、《千家詩》、《論語》、《大學》、《中庸》……《孟子》、《詩經》、《左傳》讀完了都要整本背，在十幾位學生中，也只有我一人能背，我背書如唱歌，窗外還有人偷聽，他們實在缺少娛樂。除了我父親下雨天會吹吹笛子、簫，消遣之外，沒有別的娛樂，我自幼歡喜絲竹之音，但是很少聽到。讀書的人也只有我們三房、二房兩兄弟，二伯父在城裡當紳士，偶爾下鄉排難解紛，他是一族之長，更受人尊敬，因爲他大公無私，又有一百八十公分左右的身高，眉眼自有威嚴，能言善道，他的話比法律更有效力，加之民性純樸，真是「夜不閉戶，道不失遺」。只有「夏都」廬山才有這麼好的治安。我十二歲前就讀完了四書、詩經、左傳、千家詩。我最喜歡的是《千家詩》和《詩經》。

關關雎鳩，在河之洲，
窈窕淑女，君子好逑。

我覺得這種詩和講話差不多，可是更有韻味。我就喜歡這個調調。《千家詩》我也喜歡，我背得更熟。開頭那首七言絕句詩就很好懂：

雲淡風清近午天，傍花隨柳過前川。
時人不識余心樂，將謂偷閒學少年。

老師不會作詩，也不講解，只教學生背，我覺得這種詩和講話差不多，但是更有韻味。我也了解大意，我以讀書爲樂，不以爲苦。這時老師方教我四聲平仄，他所知也止於此。

我也喜歡《詩經》，這是中國最古老的詩歌文學，是集中國北方詩歌的大成。可惜三千多首被孔子刪得只剩三百首。孔子的目的是：「詩三百，一言以蔽之，曰思無邪。」孔老夫子將《詩經》當作教條。詩是人的思想情感的自然流露，是最可以表現人性的。先民質樸，孔子既然知道「食色性也」，對先民的集體創作的詩歌就不必要求太嚴，以免喪失許多文學遺產和地域特性。楚辭和詩經不同，就是地域特性和風俗民情的不同。文學藝術不是求其同，而是求其異。這樣才會多彩多姿。文學不應成爲政治工具，但可以移風易俗，亦可淨化人心。我十二歲以前所受的基礎教育，獲益良多，但也出現了一大危機，沒有老師能再教下玄。幸而有一位年近二十歲的姓王的學生在廬山一未立案的國學院求學，他問我想不想去？我自然想去，但廬山夏涼，冬天太冷，父親知道我的心意，並不反對，他對新式的人手是刀尺的教育沒有興趣，我便在飄雪的寒冬同姓王的爬上廬山，我生在平原，這是第一次爬上高山。

在廬山我有幸遇到一位湖南岳陽籍的閣毅字任之的好老師，他只有三十二歲，飽讀詩書，與民國初期的江西大詩人散原老人唱和，他的王字也寫的好。有一天他要六七十位年齡大小不一的學生各寫一首絕句給他看，我寫了一首五絕交上去，廬山松樹不少，我生在平原是看不到松樹的，我是即景生情，信手寫來，想不到閣老師特別將我從大教室調到他的書房去，在他右邊靠牆壁另加一桌一椅，教我讀書寫字，並且將我的名字「熹」改爲「熙」，視我如子。原來是他很欣賞我那首五絕中的「疏松月影亂」這一句。我只有十二歲，不懂人情世故，也不了解他的深意。時任漢口市長張群的侄子張繼文還小我一歲，卻是個天不怕、地不怕的小太保，江西省主席熊式輝的兩個小舅子大我幾歲，閣老師的侄子卻高齡二十八歲。學歷也很懸殊，有上過大學的、高中的，多是對國學有興趣，支持學校的袞袞諸公也都是有心人士，新式學校教育日漸西化，國粹將難傳承，所以創辦了這樣一個尙未立案的國學院，也未大張旗鼓正式掛牌招生，但聞風而至的要人子弟不少，校方也本著「有教無類」的原則施教，閣老師也是義務施教，他與隱居廬山的要人嚴立三先生也有交往。（抗日戰爭一開始嚴立三即出山任湖北省主席，諸閣老師任省政府秘書，此是後話。）同學中權貴子弟亦多，我雖不是當代權貴子弟，但九江先組玉公以提督將軍身分抵抗蒙古騎兵入侵雁門關戰死東昌(雁門關內北京以西縣名，一九九〇年我應邀訪問大陸四十天時去過。)而封河間王；其子輔公。以進士身分出仕，後亦應昭領兵三定交趾而封定興王；其子貞公亦有兵權，因受政客讒害而自嘉定謫居潯陽。大詩人白居易亦曾謫爲江州司馬，我另一筆名即用江州司馬。我是黃帝第五子揮的後裔，他因善造弓箭而賜姓張。遠祖張良是推薦韓信爲劉邦擊敗楚霸王項羽的漢初三傑之首。他有知人之明，深知劉邦可以共患難，不能共安樂，所以悄然引退，作逍遙遊，不像韓信爲劉邦拼命打天下，立下汗馬功勞，雖封三齊王卻死於未央宮呂后之手。這就是不知進退的後果。我很敬佩張良這位遠祖，抗日戰爭初期(一九三八)我爲不作「亡國奴」，即輾轉赴臨時首都武昌以優異成績考取軍校，一位落榜的姓熊的同學帶我們過江去漢口。中共未公開招生的「抗日大學」(當時國共合作抗日，中共在漢口以「抗大」名義吸收人才。)辦事處參觀，接待我們的是一位讀完大學二年級才貌雙全，口才奇佳的女生獨對我說負責保送我免試進「抗大」一期，因未提其他同學，我不去。一年後我又在軍校提前一個月畢業，因我又考取陪都重慶中央政府培養高級軍政幹部的中央訓練團，而特設的新聞「新聞研究班」第一期，與我同期的有爲新詩奉獻心力的覃子豪兄(可惜五十二歲早逝)和中央社東京分社主任兼國際記者協會主席的李嘉兄。他在我訪問東京時曾與我合影留念，並親贈我精裝《日本專欄》三本。他七十歲時過世，這兩張照片我都編入「全集」一百九十多萬字的空前大長篇小說(紅塵)照片類中。而今在台同學只有兩位了。

民國二十八年(一九三九)九月我以軍官、記者雙重身分，奉派到第三戰區最前線的第三十二集團軍上官雲相總部所在地，唐宋八大家之一，又是大政治家王安石，尊稱王荆公的家鄉臨川，（屬撫州市）作軍事記者，時年十九歲，因第一篇戰地特寫《臨川新貌》經第三戰區長官都主辦的行銷甚廣的《前線日報》發表，隨即由淪陷區上海市美國人經營的《大美晚報》轉載，而轉爲文學創作，因我已意識到新聞性的作品易成「明日黃花」，文學創作則可大可久，我爲了寫大長篇《紅塵》、六十四歲時就請求提前退休，學法出身的秘書長何宜武先生大惑不解，他對我說：

「別人想幹你這個工作我都不給他，你爲什麼要退？」我幹了十幾年他只知道我是個奉公守法的張萬熙，不知道我是「作家」墨人，有一次國立師範大學校長劉真先生告訴他張萬熙就是墨人，劉校長看了我在當時的「中國時報」發表的幾篇有關中國文化的理論文章，他希望我繼續寫，劉校長真是有心人。沒想到他在何宜武秘書長面前過獎，使我不能提前退休，要我幹到六十五歲多四個月才退了下來。現在事隔二十多年我才提這件事。鼎盛時期的（台灣新生報）連載四年多的拙作《紅塵》出版前三冊時就同時獲得新聞局著作金鼎獎和嘉新文化基金會「優良著作獎」，劉真校長也是嘉新文化基金會的評審委員之一，他一定也是投贊成票的。「世有伯樂而後有千里馬」。我九十二歲了，現在經濟雖不景氣，但我還是重讀重校了拙作「全集」我一向只問耕耘，不問收穫，我歷任軍、公、教三種性質不同的職務，經過重重考核關卡，寫作七十三年，經過編者的考核更多，我自己從來不辦出版社。我重視分工合作。我頭腦清醒，是非分明，歷史人物中我更敬佩遠祖張良，不是劉邦。張良的進退自如我更歎服。在政治角力場中要保持頭腦清醒，人性尊嚴並非易事。我們張姓歷代名人甚多，我對遠祖張良的進退自如尤爲歎服，因此我將民國四十年在台灣出生的幼子依譜序取名選良。他早年留美取得化學工程博士學位，雖有獎學金，但生活仍然艱苦，美國地方大，出入非有汽車不可，這就不是獎學金所能應付的，我不能不額外支持，他取得化學工程博士學位與取得材料科學碩士學位的媳婦蔡傳惠雙雙回台北探親，且各有所成，幼子曾研究生產了飛機太空船用的抗高溫的纖維，媳婦則是一家公司的經理，下屬多是白人，兩孫亦各有專長，在台北出生的長孫是美國南加州大學的電機碩士，在經濟不景氣中亦獲任工程師，我不要第三代走這條文學小徑，是現實客觀環境的教訓，我何必讓第三代跟我一樣忍受生活的煎熬，這會使有文學良心的人精神崩潰的。我因經常運動，又吃全素二十多年，九十二歲還能連寫四、五小時而不倦。我寫作了七十多年，也苦中有樂，但心臟強，又無高血壓，一是得天獨厚，二是生活自我節制，我到現在血壓還是60－110之間，沒有變動，寫作也少戴老花眼鏡，走路仍然「行如風」，十分輕快，我在國民大會主編《憲政思潮》十八年，看到不少在大陸選出來的老代表，走路兩腳在地上蹉跎，這就來日不多了。個人的健康與否看他走路就可以判斷，作家寫作如在八十歲以後還不戴老花眼鏡，沒有高血壓，長命百歲絕無問題。如再能看輕名利，不在意得失，自然是仙翁了。健康長壽對任何人都很重要，對詩人作家更重要。

一九九〇年我七十歲應邀訪問大陸四十天作「文學之旅」時，首站北京，我先看望已九十高齡的老前輩散文作家，大家閨秀型的風範，平易近人，不慍不火的冰心，她也「勞改」過，但仍心平氣和。本來我也想看看老舍，但老舍已投湖而死，他的公子舒乙是中國現代文學館的副館長，他也出面接待我，還送了我一本他編寫的《老舍之死》，隨後又出席了北京詩人作家與我的座談會，參加七十賤辰的慶生宴，彈指之間卻已二十多年了。我訪問大陸四十天，次年即由台北「文史哲出版社」出版照片文字俱備的四二五頁的《大陸文學之旅》。不虛此行。大陸文友看了這本書的無不驚異，他們想不到我七十一高齡還有這樣的快筆，而又公正詳實。他們不知我行前的準備工作花了多少時間，也不知道我一開筆就很快。

我拜會的第二位是跌斷了右臂的詩人艾青，他住協和醫院，我們一見如故，他是浙江金華人，卻體格高大，性情直爽如燕趙之士，完全不像南方金華人。我們一見面他就緊握著我的手不放，侃侃而談，我不知道他編《詩刊》時選過我的新詩。在此之前我交往過的詩人作家不少，沒有像他如此豪放真誠，我告別時他突然放聲大哭，陪我去看他的北京新華社社長族侄張選國先生，陪我四十天作《大陸文學之旅》的廣州電視台深圳站站長高麗華女士，文字攝影記者譚海屏先生等多人，不但我爲艾青感傷，陪同我去看艾青的人也心有戚戚焉，所幸他去世後安葬在八寶山中共要人公墓，他是大陸唯一的詩人作家有此殊榮。台灣單身詩人同上校軍文黃仲琮先生，死後屍臭才有人知道，他小我二歲，如我不生前買好八坪墓地，連子女也只好將我兩老草草火化，這是與我共患難一生的老伴死也不甘心的，抗日戰爭時她父親就是我單獨送上江西南城北門外義山土葬的。這是中國人「入土爲安」的共識。也許有讀者會問這和文學創作有什麼關係？但文學創作不是單純的文字工作，而是作者整個文化觀、文學觀，人生觀的具體表現，不可分離。詩人作家不能「瞎子摸象」，還要有「舉一反三」的能力。我做人很低調。寫作也不唱高調，但也會作不平之鳴、仗義直言。我不鄉愿，我重視一步一個腳印，「打高空」可以譁眾邀寵於一時，但「旁觀者清」，讀者中藏龍臥虎，那些不輕易表態的多是高人。高人一旦直言不隱，會使洋洋自得者現出原形。作品一旦公諸於世，一切後果都要由作者自己負責，這也是天經地義的事。

我寫作七十多年無功無祿，我因熬夜寫作頭暈住馬偕醫院一個星期也沒有人知道，更不像大陸的當代作家、詩人是有給制，有同教授的待過，而稿費、版稅都歸作者所有。依據民國九十八年一月十日「中國時報」A十四版「二〇〇八年中國作家富豪榜單」二十五名收入人民幣的數字統計，第一高的郭敬明一年是一千三百萬人民幣，第二名鄭淵潔是一千一百萬人民幣，第三名楊紅櫻是九百八十萬人民幣。最少的第二十五名的李西閩也有一百萬人民幣，以人民幣與台幣最近的匯率近一比四．五而言，現在大陸作家一年的收入就如此之多，是我一九九〇年應邀訪問大陸四十天作文學之旅時所未想像到的，而現在的台灣作家與我年紀相近的二十年前即已停筆，原因之一是發表出版兩難，二是年齡太大了。民國九十八年（二〇〇九）以前就有張漱菡（本名欣禾）、尹雪曼、劉枋、王書川、艾雯、嚴友梅六位去世，嚴友梅還小我四、五歲，小我兩歲的小說家楊念慈則行動不便，鬍鬚相當長，可以賣老了。我托天佑，又自我節制，二十多年來吃全素，又未停止運動，也未停筆，最近在台北榮民總醫院驗血檢查，健康正常。我也有我的養生之道，每天吃枸杞子明目，吃南瓜子抑制攝護腺肥大，多走路、少坐車，伏案寫作四、五小時而不疲倦，此非一日之功。

民國九十八（二〇〇九）己丑，是我來台六十周年，這六十年來只搬過兩次家，第一次從左營搬到台北大直海軍眷舍，在那一大片天主教白色公墓之下，我原先不重視風水，也無錢自購住宅，想不到鄰居的子女有得神經病的，有在金門車禍死亡的，大人有坐牢的，有槍斃的，也有得神經病的，我退役養雞也賠光了過去稿費的積蓄，讀台大外文系的大兒子也生病，我則諸事不順，直到搬到大屯山下坐北朝南的兩層樓的獨門獨院自宅後，自然諸事順遂，我退休後更能安心寫作，遠離台北市區，真是「市遠無兼味，地僻客來稀。」同里鄰的多是市井小民，但治安很好，誰也不知道我是爬格子的，連警察先生也不光顧舍下，除了近十年常有人打電話來騙我，幸未上大當外，我安心過自己的生活。當年「移民潮」去不了美國的也會去加拿大，我是「美國人」的祖父，我不移民美國，更別說去加拿大了。娑婆世界無常，早年即移民美國的琦君（本名潘希真）、彭歌，最後還是回到台灣來了，這不能說台灣是「天堂」，以我的體驗而言是台北市氣候宜人，夏天三十四度以上的日子少，冬天十度以下的日子也很少，老年人更不能適應零度以下的氣溫，我只有冬天上大屯山、七星山頂才能見雪。有高血壓、心臟病的老人更不能適應。我不想做美國公民，做台灣平民六十多年，也沒有自卑感。

娑婆世界是一個無常的世界，天有不測風雲，人有旦夕禍福，老子早說過：「福兮禍所倚，禍兮福所伏。」禍福無門，唯人自招。我一生不起歪念，更不損人利己，與人爲善。雖常吃暗虧，只當作上了一課。這個花花世界是我學不完的大教室，萬丈紅塵其中也有黑洞，我心存善念，更不造文字孽，不投機取巧，不違背良知，蒼天自有公斷，我本著文學良心寫作，盡其在我而已，讀者是最好的裁判。

民國一〇〇年（二〇一一）辛卯七月二十九日下午六時二十三分於紅塵寄廬

1951 年墨人 31 歲與夫人曾麗春女士（30 歲）結婚十周年紀念合影於左營

墨人博士七十壽辰與夫人曾麗春女士合影。此照為大翻譯家、文學理論家黃文範先生所攝，並在照片背後題「南山北海惟仁者壽」。

民國二十九年（1940）作者
墨人在江西南城戎裝照。

1939 年墨人即自戰時陪都四川
重慶奉派至江西臨川王安石家
鄉，第三戰區前線任軍事記者創
辦軍報，提供抗日官兵精神食
糧。時年 19 歲。

2010 年「五四」作者墨人 91 歲在花蓮和南寺家人合影

2003 年 8 月 26 日作者墨人（中）在含鄱口觀山景點與
作者長女韻華、長子選翰、三女韻湘、二女韻真合影。

2005 年 2 月作者次子選良（右一）回台北與父（右二）及
作者夫人（中）三女韻湘（左二）二女韻真（左一）合影。

作者墨人在書房留影，時年八十五歲。

《墨人博士大長篇小說〈紅塵〉法文譯本封面照片》

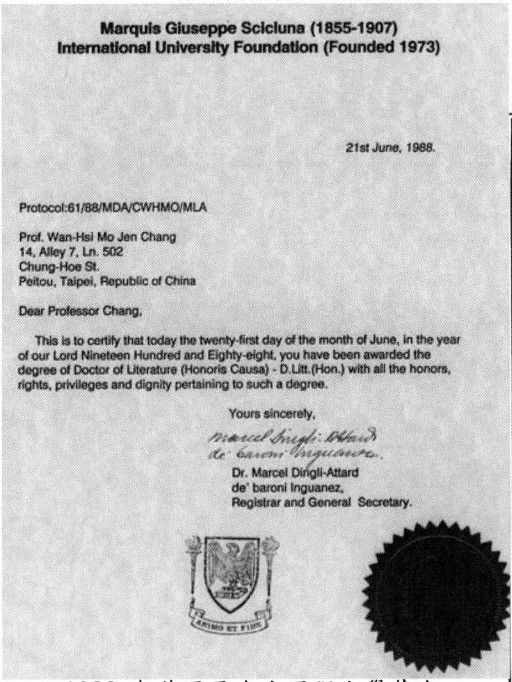

Marquis Giuseppe Scicluna (1855-1907)
International University Foundation (Founded 1973)

21st June, 1988.

Protocol:61/88/MDA/CWHMO/MLA

Prof. Wan-Hsi Mo Jen Chang
14, Alley 7, Ln. 502
Chung-Hoe St.
Peitou, Taipei, Republic of China

Dear Professor Chang,

This is to certify that today the twenty-first day of the month of June, in the year of our Lord Nineteen Hundred and Eighty-eight, you have been awarded the degree of Doctor of Literature (Honoris Causa) - D.Litt.(Hon.) with all the honors, rights, privileges and dignity pertaining to such a degree.

Yours sincerely,

Dr. Marcel Dingli-Attard
de' baroni Inguanez,
Registrar and General Secretary.

1988 年美國馬奎士國際大學基金會，授予張萬熙墨人教授榮譽文學博士學位證書。

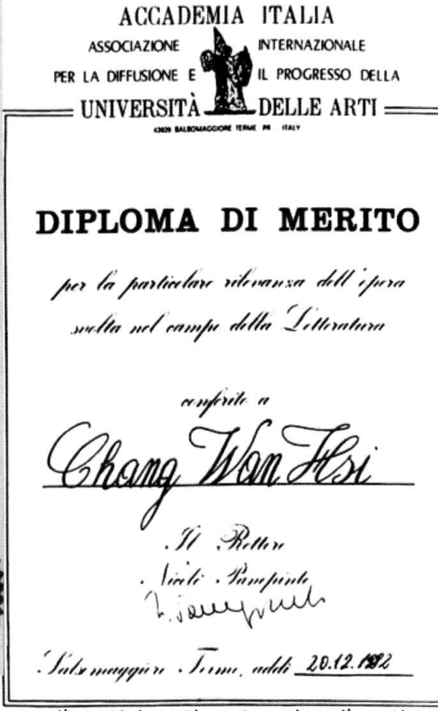

ACCADEMIA ITALIA
ASSOCIAZIONE INTERNAZIONALE
PER LA DIFFUSIONE E IL PROGRESSO DELLA
UNIVERSITÀ DELLE ARTI

DIPLOMA DI MERITO

per la particolare rilevanza dell'opera
svolta nel campo della Letteratura

conferito a

Chang Wan Hsi

Il Rettore

Salsomaggiore Terme, addì 20.12.1982

義大利出版英、法、德、義四種文字的「國際文學史」的 ACCADEMIA ITALIA, 1982 年授予墨人的文學功績證書。

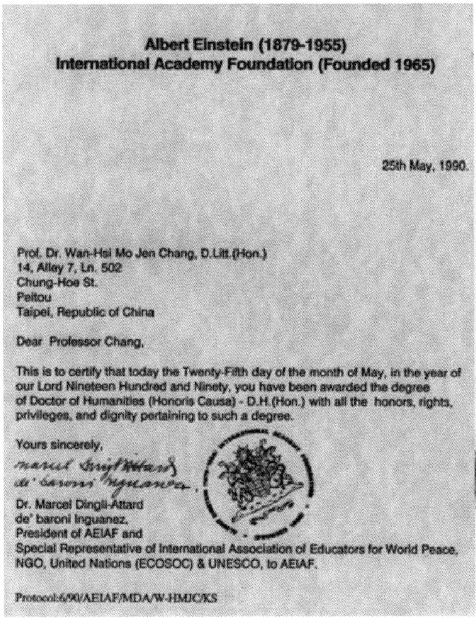

Albert Einstein (1879-1955)
International Academy Foundation (Founded 1965)

25th May, 1990.

Prof. Dr. Wan-Hsi Mo Jen Chang, D.Litt.(Hon.)
14, Alley 7, Ln. 502
Chung-Hoe St.
Peitou
Taipei, Republic of China

Dear Professor Chang,

This is to certify that today the Twenty-Fifth day of the month of May, in the year of our Lord Nineteen Hundred and Ninety, you have been awarded the degree of Doctor of Humanities (Honoris Causa) - D.H.(Hon.) with all the honors, rights, privileges, and dignity pertaining to such a degree.

Yours sincerely,

Dr. Marcel Dingli-Attard
de' baroni Inguanez,
President of AEIAF and
Special Representative of International Association of Educators for World Peace, NGO, United Nations (ECOSOC) & UNESCO, to AEIAF.

Protocol:6/90/AEIAF/MDA/W-HMJC/KS

1990 年美國愛因斯坦國際學院基金會授予張萬熙墨人教授榮譽人文學（含哲學文學藝術語言四種）博士學位

WORLD UNIVERSITY ROUNDTABLE
In Corporate Affiliation with the World University
Greetings
In recognition of Distinguished Achievement within the principles and purposes of the World University development, the Trustees of the Corporation, upon the nomination of the Secretariat, confer doctoral membership and this honorary award upon
Chang Wan-Hsi (Mo Jen)
The Cultural Doctorate in Literature
with all rights and privileges there to pertaining.

Witness our hand and seal at the International Secretariat Regional Campus, Benson, Arizona
April 17, 1989

President of the Board of Trustees
Secretary of the Board of Trustees

1989 年美國世界大學授予張萬熙墨人榮譽文學博士學位，文化大學創辦人張其昀（曉峰）先生亦獲此榮譽。

THIS
PICTORIAL
TESTIMONIAL
OF ACHIEVEMENT
AND DISTINCTION
proclaims throughout the world that
DR. CHANG WAN-HSI (MO JEN)
is the recipient of the above-mentioned Honour,
granted by the Board of Editors of the
2000 OUTSTANDING SCHOLARS
OF THE
20TH CENTURY
meeting in Cambridge, England, on the date set out below,
AND that the Board also resolves that a portrait photograph of
DR. CHANG WAN-HSI (MO JEN)
be attached to this Testimonial as verification
of the Honour bestowed.
2000 OUTSTANDING SCHOLARS OF THE 20TH CENTURY
First Edition
Signed and sealed on the
14th December 1999
Authorized Officer

1999 年 10 月張萬熙墨人博士榮登英國劍橋國際傳記中心《二十世二千位傑出學者》第一版證書。

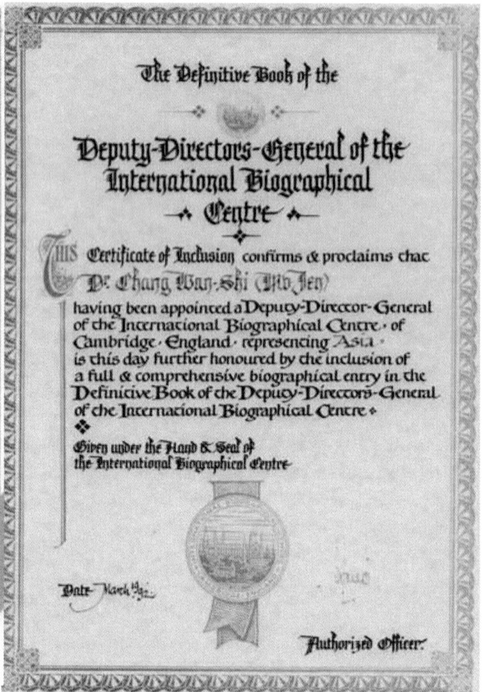
The Definitive Book of the
Deputy-Directors-General of the
International Biographical
Centre
THIS Certificate of Inclusion confirms & proclaims that
Dr. Chang Wan-Shi (Mo Jen)
having been appointed a Deputy-Director-General
of the International Biographical Centre of
Cambridge England representing Asia
is this day further honoured by the inclusion of
a full & comprehensive biographical entry in the
Definitive Book of the Deputy-Directors-General
of the International Biographical Centre
Given under the Hand & Seal of
the International Biographical Centre
Date
Authorized Officer

1992 英國劍橋國際傳記中心（I.B.C.）任張萬熙墨人博士為代表亞洲的副總裁。

THE INTERNATIONAL
SHAKESPEARE
AWARD
FOR LITERARY ACHIEVEMENT
This Illuminated Certificate of Merit
commemorates and celebrates the life and work of
Dr. Chang Wan-Hsi (Mo Jen) DDG
and is therefore a rightful recipient of the
Shakespeare Award for Literary Achievement
and as such stands testament to the efforts made
by said individual in the arena of
Poetry, Novels and the Humanities
Witnessed on the date set out below by the Officers of the
International Biographical Centre at its Headquarters in
Cambridge, England and signed by the
Director General and Editor-In-Chief.
16th March 2009
Director General
Editor-In-Chief

2009 年 3 月 16 日英國劍橋國傳記中心總裁與總編輯聯合授予張萬熙墨人博士國際莎士比亞文學成就獎。

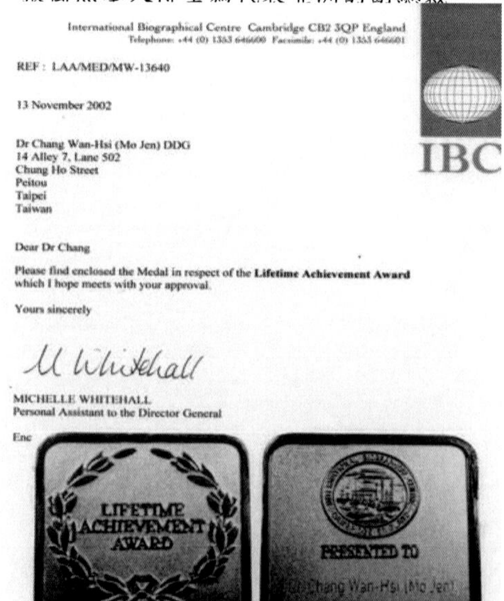
International Biographical Centre Cambridge CB2 3QP England
Telephone: +44 (0) 1353 646600 Facsimile: +44 (0) 1353 646601

IBC

REF : LAA/MED/MW-13640

13 November 2002

Dr Chang Wan-Hsi (Mo Jen) DDG
14 Alley 7, Lane 502
Chung Ho Street
Peitou
Taipei
Taiwan

Dear Dr Chang

Please find enclosed the Medal in respect of the **Lifetime Achievement Award** which I hope meets with your approval.

Yours sincerely

M Whitehall

MICHELLE WHITEHALL
Personal Assistant to the Director General

Enc

英國劍橋國傳記中心(I.B.C.) 2002 年頒發詩人作家張萬熙（墨人）博士終身成就獎，英文信及金牌正反面照片墨人早年即被 I.B.C.推選為副總裁。

吾觀自古賢達人 079

輕舟已過萬重山

序篇

紅塵寄廬主人

——記揚名國際文壇的張萬熙

王琰如

政府遷臺以來，自民國四十年第一屆五四文藝節在臺北舉行起，南部高屏地區、臺南、岡山、嘉義及中部臺中以至新竹，各路文友，都前來參與盛會，可說盛況空前，熱鬧之至。最令我高興的是，老友艾雯自屏東北上，重逢的喜悅，使我雀躍不已，更值得興奮的是，她介紹我認識了江西九江人墨人（張萬熙）兄，因為我是江西贛南大庾來的，和這位江西張表哥一見如故，交往四十餘年，他每次北來，當年的銀翼飯店，就在臺北車站附近，我家近鄰，因此常有做東機會。當年墨人兄正在寫詩的年代，詩名早已享譽文壇，其後散文、長短篇小說，各擅勝場，是一枝健筆。我在三十九年起，被吳愷玄先生邀請擔任《暢流》半月刊編校工作，墨人的長篇小說《魔障》，於四十六年開始連載，四十七年出版單行本，是《暢流叢書》暢銷作品之一。

我所知道的張萬熙兄，原在左營海軍服務，軍人生活，一向清苦。艾雯曾親訪墨人於左營眷村，室中家具陳舊簡陋，破桌木板長凳，客至幾無迴旋餘地。桌上青菜豆腐羹，差堪溫飽而已。一家之主的他，憑個人軍餉眷糧，養活大小七口，自屬艱難困苦。墨人兄以高度智慧、文人創作天賦、奮戰不懈的精神，在公餘之暇，埋首案頭，辛勤筆耕，是一個作品極豐、創作力旺盛、寫作最有成就的作家之一。往後不但榮獲美國艾因斯坦國際學院基金會榮譽人文學博士學位、國際大學基金會授予文學博士學位、世界大學授予榮譽文學博士學位，且擔任英國劍橋國際傳記中心副董事長。已成爲國際間知名度極高的文壇鉅子。墨人兄自幼家學淵源，喜愛傳統古詩詞，他生於新文化運動啟蒙的第二年（一九二〇年），少年十五二十時，一切理想抱負都是詩，創作的新詩與傳統詩，極爲豐富。我是一個不懂新舊詩的人，但對墨人的詩，似乎都有領悟和偏愛。

在全民抗戰的熱潮中，墨人通過〈夜行者〉一詩明志：

「我準備以戰鬥迎接敵人」，「而我是一個慣於夜行的人／危險時只有乞靈於自己的劍和刀／我的經典是——／與其忍受宰割／毋寧激戰而死亡！」

這可以說是道出了抗日期間我國億萬人民的心聲。

抗戰是艱苦的，但詩人並不悲觀，他對我國人民必勝充滿了確信，他歌唱道：

> 我的理想像天空的月光一般亮
> 我的希望呀
> 有如駒兒脫了索
> 向有光有熱的地方
> 我走著、唱著
> 向人類的希望戴著花冠的地方
> 我走著、唱著……

事實也是這樣，當孝順的日本「航空員」，向我們問候早安時，我們同仇敵愾，全力以赴，打得日軍屁滾尿流：

> 看啊，我們是多有禮貌啊
> 像趕赴愛人的約會一樣地馬上饗以怒吼的馬達

和一頓鐵的彈丸
但是，抱歉得很呀
這場搏鬥的結果
我們只贏了兩架零式機的殘骸
和幾個焦頭爛額的「武士」

〈天空的搏鬥〉

墨人也創作許多傳統詩，他在〈花鳥生日〉一文中，有花鳥二首及丙寅生日有序，這樣說：

「余生於民國第一庚申年芒種日，弱冠投筆從戎抗日，多災多難，歲月悠悠，忽忽五十年矣。乙丑退休，得償宿願，閉門讀白詩，莫逆於心，陶靖節爲鄉賢，白樂天爲父母官，白去陶五百年，余去白千年，余生也晚，然深愛二賢因成一律：

投筆揚鞭五十秋，夢魂常擁大江流。
江州司馬青衫淚，靖節先生五斗羞；
姊妹峯前雲似錦，大屯山上月如鈎。

無欲無求身自在，不憂不喜一沙鷗。

《墨人半世紀詩選》出版後，有「十三家論文」作學術性研討，各位學人作者姓名如下：王幻、王常新、古遠清、古繼堂、李春生、周伯乃、麥穗、楊允達、瘦雲王牌、劉富道、黎煥頤、謝輝煌、藍雲、文曉村諸先生。其中「瘦雲王牌」的題目是〈遊走新舊，跨越古今〉；已包含了墨人詩風的精神是「跨越古今」的。楊允達先生的文題是〈七五人生一首詩〉，他寫道：

> 今年七十五歲高齡的詩人、作家墨人先生，創作五十餘年，出版有《全唐詩尋幽探微》、《全唐宋詞尋幽探微》、《紅樓夢的寫作技巧》，及一百九十餘萬字的大長篇《紅塵》、《大陸文學之旅》等四十九種著作，總計一千餘萬言，今年元月又出版《墨人半世紀詩選》，把他從民國三十年至八十三年所寫的新詩作品，篩選出一百七十首，結集問世，可以說是中國兩岸文壇的一件盛事，拜讀之餘，敬佩至深。

墨人的長短篇小說，也在臺港各報刊紛紛登場，一連串的奮力以搏，創造了新的生命，新的天地，他原任海軍總部祕書，也擔任過報社主筆、總編輯、總經理及國民大會祕書處簡一資料組長，後任東吳大學中文系兼任副教授。公餘之暇，著作等身，出版《全唐詩尋幽探微》、《全唐宋詞尋幽探微》、《紅樓夢的寫作技巧》，長篇小說《白雪青山》、《紅塵》等四十九種。

墨人兄撰寫一百九十餘萬字的大長篇《紅塵》，幾乎拚掉老命，他說：「我之退休，完全是為了趕寫《紅塵》，六十四歲那年，費了九牛二虎之力，請求提前退休，未能如願，六十五歲已到法定退休年齡，《紅塵》也寫了六、七十萬字，我堅持不幹（我服務單位主管人員都延到七十歲），因為我白天上班，晚上寫稿，一天只睡二、三小時，持續經年，幾至中風，住院一周，停筆一月，才漸漸頭不暈、走路身體不搖擺，說話不再口齒不清，吃飯不再流口水，痛定思痛，作品第一，其他在所不計，這才退了下來。」

他一再提到退休以後的生活適性適情，做自己喜歡做的事，讀自己喜歡讀的書，是人生最大享受。在〈北投幽居〉七律二首，他寫道：

千丈紅塵百萬家，癡人不自想榮華。

浩然有意棄軒冕，摩詰存心播落花；
昨晚流星飛北斗，今朝磨墨且塗鴉。
春來更覺生涯好，午夜頻頻聽鼓蛙。

北投難與輞川齊，輞水淪漣月在西。
遠火寒林燈隱隱，春風細雨草萋萋；
華子岡前山翠翠，臨湖亭畔水迷迷。
大屯爭比匡廬好？夢裡甘棠綠柳堤。

他說：「這兩首詩所寫的正是我當時的心情。」

早年，墨人自左營遷來臺北，厭棄官場，自動提前退役，始則養雞維生，不料時運不濟，養雞事業宣告失敗。記得若干年前，香港作家趙滋蕃先生來臺定居，墨人設宴接風，我也赴張府忝陪末座。張大嫂親自下廚作羹湯，滿桌佳餚，唯獨缺雞，因病雞不堪食用。趙兄好杯中物，酒醉飯飽後，握手道別。他來臺後，從事小說創作，繼以「文壽」筆名在《中副》撰寫方塊，簡練有勁，稱譽文藝界。不料罹患高血壓，這位豪爽的湖南才子，《半下流社會》的長篇小說作者，竟而一病未起，健筆又少一枝，令人嘆惜不已！

墨人兄自律甚嚴，不煙、不酒、不賭，且每日晨運，數十年如一日，養生有方，故能康強如壯年。在他六十大慶之日，四點起身，爬上大屯山的三聖宮，他寫道：

> 到達三聖宮時，天剛濛濛亮，宮內的老人還未起來，這時正是初夏，我獨自享受一山的清靜，一山的新鮮空氣，一山的縹緲雲霧，一山的嚶嚶鳥聲。「前不見古人，後不見來者」，但我沒有陳子昂登幽州臺的那種曠古寂寞，「獨愴然而涕下」，我有一種生之喜悅，不是佛家的法喜，而是宛然如仙的欣喜。中國的「仙」字是人在山邊，而我是在高高的山上，又在雲霧之中，不是神仙也算是神仙了。

詩人的筆觸，詩人的胸襟，怎不令人稱羨！他的怡然自得，物我皆忘，以神仙自居，他的快樂、自娛，是值得爲他高興的。

他以畢生精力撰寫大長篇《紅塵》，從晚清到目下，有極深刻的描寫，是融儒、釋、道三家思想及近百年歷史於小說。他在電話中對我說：「你若能看我寫的《紅塵》，也許你不要再看《紅樓夢》了。在《臺灣新生報》先後連載四年。《新生報》投巨資印行四大鉅册，價一千四百餘元新臺幣。我實在送不起，祇好請你自己買來看了。」

當然，我會去買的，愛書者怎能不買好書來看呢！

熱愛紅塵的他，執筆撰寫《紅塵》，嘔心瀝血，只爲名山事業，傳之千古，奮不顧身。他生活於紅塵之中，自稱鄉居爲「紅塵寄廬」，有佛家高人雅士之致，令人稱賞！

他自八十四年三月十三日起，又在《新生報》第七版撰寫《紅塵心語》專欄，每日一篇，包羅萬象，他腹笥之寬，前所未見。《紅塵心語》已由圓明出版社出版，舉凡儒、釋、道思想、命相、紅塵萬象、詩詞，均在其中，讀者又可一飽眼福。

我寫墨人，也許是佛頭著糞，堪稱狂妄之至。但有一點，也許和墨人可以接近，那就是我對易學及子平術的探討，對盈虛消長之數，以及窮通成敗之理，稍有不約而同的心得。古人說：「不知命無以爲君子。」曾文正公也說：「四十以前信命爲愚人，四十以後不信命者爲妄人。」我們不迷戀於名韁利鎖，不恥爭權奪利，澹泊自甘，清貧自守，樂在其中矣，樂在其中矣，夫復何求！

《青年日報．副刊》八十四年七月五日（一九九五）

本文作者簡介：本文作者為八十餘歲高齡的散文女作家。曾任臺灣省婦女寫作協會總幹事多年。

偶感絕句十首(代序)

墨人

其一

大夢何時覺?春來花自開。
嫣紅與姹紫,總是一塵埃。

其二

非南非北非西東,無始無名那有終?
無相無形無人我,如如不動在其中。

其三

無人無我無壽相,衆生入世太荒唐。
天地不仁爲芻狗,極樂世界是家鄉。

其四

寒窗獨坐無春夏，不聽東風說是非。
富貴浮雲一樣看，還看芥子納須彌。

其五

舊金山內西敏寺，西敏寺中舊金山。
小丑跳來還跳去，如來不動法無邊。

其六

三身一體難分別，菩提非樹似清風。
摩詰不迷自是佛，比丘著相入迷宮。

其七

道高一尺魔一丈，世界無常道是常。
羣魔亂舞偷天日，慧眼惟憑照十方。

其八

釋迦老子一家親，乘願而來度世人。
衆生可度人人度，執迷不悟任沉淪。

其九

花落花開總是春，人間天上似芳鄰。
去貪嗔癡爲淨土，直心一念脫紅塵。

其十

假作真時真亦假，爲無爲處見天真。
不有不恃更不宰，是神是佛是真人。

紅塵餘緒（作者序）

墨人

我自民國八十四年（一九九五）三月十三日起至六月二十八日止，在《臺灣新生報》寫的專欄《紅塵心語》，一共一〇六篇，其中有關佛、道、儒三家思想、修行、乃至生命學及宇宙奧秘的篇章，仍以《紅塵心語》爲書名出版。而有關文學與國家、社會、人生方面的篇章，則以《年年作客伴寒窗》爲書名另册出版。兩書的同一特色是各篇題目都是五言或七言詩句，這是「五四」以來任何作家所未有的。這是我的一項創舉。

中國傳統詩詞之優美，是世界各國文學所難比擬的，或謂傳統詩詞不能表現現代思想事物，其實大謬不然，運用之妙，存乎一心。我之以傳統詩句作題目，就是要證明中國傳統詩詞之美之妙，我們的讀者接不接受我這種不是「流行文化」、卻又有些詩詞的作品？我就不知道了。

民國八十四年（一九九五）乙亥十一月二十九日於北投紅塵寄廬

誰看青簡一編書

欲上瑤池取一瓢

一年四季，氣候各有不同，尤其是大陸，四季分明，各有特色，對人的情緒變化影響亦大，對詩人詞人，更是創作的催化劑，使文學創作更多彩多姿，如唐詩人蔣維翰寫〈春女怨〉七絕和崔颢的五律〈春怨〉，表現少女和少婦心態，可謂「異曲同工」，蔣的七絕是：

白玉堂前一樹梅，今朝忽見數花開。
兒家門戶尋常閉，春色因何入得來？

這首詩妙在「兒家門戶尋常閉，春色因何入得來」？崔的五律則是：

夜盡夢初驚，紗窗早霧明。
曉妝脂粉薄，春服綺羅輕；
妾有今朝服，君無舊日情。
愁來理弦管，都是斷腸聲。

這種因人而異，同一季節不同的心理描寫，遠在西洋心理學說之前，弗洛依德之流，應奉中國詩人作家為宗師鼻祖。

崔季卿的〈晴江秋望〉七絕，又與張仲素的〈秋思〉七絕不同，先看崔詩：

八月長江萬里晴，千帆一道帶風輕。
盡日不分天水色，洞庭南是岳陽城。

我是在長江邊上長大的人，八月是最好的季節，長空萬里無雲，長江水自然沒有鄱陽湖的水清，不過唐朝時水土流失可能並不嚴重，所以不但崔季卿詩有「盡日不分天水色」，王勃寫〈滕王閣序〉也有「秋水共長天一色」之句，王寫的是贛江、鄱陽湖，也有

「水天一色」之句，這是長江、鄱陽湖一帶的秋天實況；但張仲素的〈秋思〉寫的是北方，氣候、情景又稍有不同，且看張詩：

秋天一夜靜無雲，斷續鴻聲到曉聞。
欲寄征衣無消息，居延城外又移軍。

「秋天一夜靜無雲」，和長江中游沒有什麼差別，但鴻雁之聲卻有遲早。雁是候鳥，南飛到長江中游避寒時，已是寒露霜降以後的冬天了，甚至要遲到小寒大寒之間，在臺灣就根本聽不到「斷續鴻聲到曉聞」了。這種經驗我多得很，尤其是為了看雁陣飛過和聽那熱鬧的「咯哦——咯哦」大合唱之聲，我常在天亮之前起牀，冒著寒氣，嘴鼻呼氣如雲，仰首望天看那人字形的雁陣一排排從頭頂飛過，是一天最賞心悅目的事兒。臺灣的秋天正是颱風肆虐的季節，令人提心吊膽，哪有大陸秋天那種美好的享受？

冬天的情景與秋天又大不相同，且看柳宗元的五絕〈江雪〉：

千山鳥飛絕，萬徑人蹤滅。

孤舟簑笠翁，獨釣寒江雪。

柳宗元這首詩，不但是唐詩中寫冬景最好最「絕」的一首，住在臺灣的人，作夢也想不到。而僧人可止的「小雪」，也別有風味情趣：

落雪風前不厭看，更多還恐蔽林巒。
愁人正在書窗下，一片飛來一片寒。

今年乙亥正月初一後，臺北春雨不停，春分後仍未放晴，人都快發霉了，我亦成詩二首。

北投春雨

其一

大屯山下雨綿綿，一陣風來一陣寒。
正月閑門人未出，春分又見百花殘。

其二

風蕭蕭兮雨瀟瀟，淒風苦雨伴寂寥。
老夫獨坐寒窗下，欲上瑤池取一瓢。

《新生報》八十四年四月六日
（一九九五）

今生魚鳥又相親

上海紅學家陳詔兄在信中談到「在中年以後就覺得新詩不夠味兒」。我想這不是他個人的感覺，凡是接受過中國傳統詩詞薰陶的人，都會有這種體會，因爲中國傳統詩詞不但文字精鍊、格律嚴謹，又極具有節奏感、音樂性和意象美，既能化具象爲抽象，又能化抽象爲具象，何況中國詩詞詞彙又極其豐富靈活，方塊字組合之妙，舉世無匹。

我在臺北商務印書館出版的《全唐詩尋幽探微》和《全唐宋詞尋幽探微》兩本拙著中，就詩論詩，就詞論詞中舉例甚多，往往一字之易，妙不可言。新詩雖然也用方塊字，但組合方式不同，語彙不夠，思維邏輯和文學涵養、哲學層次，都無法與傳統詩詞相比，古典詩詞如陳年茅台原料原汁，愈陳愈醇愈香。新詩本來是橫的移植，運用的語言又是白話，在語言的精鍊方面完全無法和傳統詩詞相比，再加上新詩人思想的異化、洋化，與中國文化、文學脫節，而且很多詩作連文字的組合都有問題、連文字都欠通，讀者如何去接受去認同？

年輕人追求時髦，所以一窩蜂地去寫新詩，一到中年，思想成熟了，文學修養也深厚多了，因此會覺得新詩淡而無味。人到中年品味高，很多年輕時寫新詩的詩人，中年以後自然停筆乃至改行了，陳詔兄即其一例。我很早就對新詩人作過建議，希望他們多讀一些傳統詩詞，取長補短，在新詩與傳統詩詞方面從事整合，這對新詩創作會有不少好處。而有些新詩人不但認爲自己的成就已經很高，甚至認爲諾貝爾獎也非他莫屬。因此不但忠言逆耳，甚至視我如寇仇，這眞使我啼笑皆非。

自開放探親之後，我去過大陸多次，與大陸詩人作家接觸亦多，大陸不但詩詞社團不少，新詩人會寫傳統詩的亦不在少數，他們不像臺灣新詩人一樣排斥傳統詩詞，這是一個好現象。

我不否定新詩，而且一直默默地在支持新詩更健康更正常地發展，但我亦更愛傳統詩詞，癸酉冬我陪《秋水》詩刊朋友訪問哈爾濱、北京、西安等地區返臺後，沒有寫過一首新詩，倒是寫了幾首七絕，不妨抄在下面：

癸酉燕京北大詩會三首

55 今生魚鳥又相親

其一

燕京詩會送輕寒，秋水長天隔海看。
更有西湖賢女史，驅車萬里到天壇。

其二

燕京幸會有前因，前世今生兩樣人。
今世不知前世路，今生魚鳥又相親。

其三

筆耕不計幾經秋？潘陸青鬢盡白頭。
長立杏壇言諄諄，英才竟在燕京收。

癸酉立春那天我也寫了一首七絕，詩如下：

中西相交幾陣寒，立春日上小闌干。
綠陰深處聞啼鳥，心在江南柳樹灣。

《新生報》八十四年（一九九五）三月十七日

年年作客伴寒窗

臺灣新詩人中能寫古典詩詞者太少，能寫古典詩而又少俗氣者更少。王幻先生不但能寫古典詩，更不像某詩人的詩那麼俗不可耐，最近承他贈五律一首，題為〈賦呈紅塵寄廬主人墨人老居士〉，詩如下：

早歲逢抗戰，新詩振國風。
聲名中外著，文采古今同；
寄迹紅塵上，安身綠野中。
莫將天下事，來問白頭翁。

為了答謝他的盛意，我奉和了兩首，第一首敬步原玉如后：

國破家何在？青春唱大風。
投筆曾呼嘯，從戎有異同；
落拓江湖上，沉淪錦繡中。
眼看日出落，誰認白頭翁？

第二首未步韻，詩如后：

漫說聲名著，聲名淡淡風。
紅塵作過客，亂世似飄蓬；
赤膽填溝壑，冷眼看窮通。
休問人間事，誰知成住空？

驚蟄那天，我還塡了一闋〈浣溪紗〉，亦是拋磚引玉之意。希望為新詩的朋友參考。

身在蓬瀛心在江，年年作客伴寒窗。佳人無語在錢塘。
夕陽正好人入定，塵網層層夜未央。幾回低首幾迴腸。

《新生報》八十四年三月二十日

二〇〇七年二月五日重校

[illegible]註：兩岸新詩人擅絕律詩者還有上海詩人蔡綠頤先生，他小我十多歲，二〇〇七年二月五日接他來信，才知常為病所糾，醫院發病危通知。我在此祝他身體康健，曾為絕律詩多留一線生機。

二〇〇七年二月五日於紀廬寄庵

莫將散文當作詩

臺北市「公車詩」於六月二日正式上路了，市長還搭乘第一班載著詩篇的公車，與市民共同沿途欣賞，並表示「公車賞詩、快樂上路」，這是一個好的構想，也是新的構想，值得鼓掌肯定，但是市長引用的那兩句「詩」，卻不是詩，而是散文，為了存眞，我還得再引用一次：

「讀詩與是精神生活的沐浴，可使呆滯的眼神爲之明亮。」

這是根據《新生報》程裕蕙小姐的報導引用的，我想陳市長不會引錯，程小姐也不會引錯，以散文而言，「讀詩與是精神生活的沐浴」，這個「與」字用的沒有必要，不用還通，「與」字是什麼意思？應該用在什麼地方？我想小學三、四年級的學生都知道，不必我來解釋，如果沒有這個「與」字還算是一句說明事理的散文，和下一句連起來看，還看得懂，但缺少詩的節奏感和意象美，所以這兩句「詩」連新詩都算不上，更別說傳統的絕律詩了。既然現在某些大言不慚的新詩人，不會寫傳統詩，我還是引用臺灣光復後的早期詩人楊喚的一首四行詩比較一下：

期待

每一顆銀亮的雨點是一個跳動的字。
那狂燃起來的閃電是一行行動人的標題。
從夜的罎裡醒來，把夢的黑貓叱開。
聽滾響的雷爲我報告晴朗的消息。

這不是傳統絕律詩，這是一首最富有詩的節奏感和意象美的新詩。只要和陳市長引的那兩句「詩」比較一下，便知道什麼是詩？什麼是散文了。

新詩是很難與中國傳統詩媲美的，但楊喚這首〈期待〉可以。我在開放探親時曾以新、舊兩種體裁的詩寫武漢「黃鶴樓」，也不妨引用，請高明的讀者作一比較：

新詩

仙人乘黃鶴來了
又乘黃鶴去

詩人崔顥、李白、王維
坐船來了，騎馬來了，走路來了
又一個個乘興而去

五十年前
我乘難民列車來了
在如雨的炸彈中來了
幸而我没有炸死

五十年後
我乘波音七四七跨海而來

比乘黃鶴更快

今日的黃鶴樓更大更高
對岸的晴川閣也矗立雲表
可是我兩眼怎樣掃瞄
也看不見鸚鵡洲的芳草

長江浪，依舊滔滔
雲夢澤，水天浩淼
橫跨大江
從你腳下添了一座長橋

一樣的江，一樣的橋
你與潯陽樓
不是兄弟就是姑表

我不是乘黃鶴來的
我很想乘黃鶴歸去

律詩：

劫後重登黃鶴樓，雁聲啼過楚雲秋。
少年投筆頭堪斷，老大還鄉淚不休；
紅蓼白蘋誰復見？長江漢水自東流。
五十年來如一夢，煙波深處總關愁。

《新生報》八十四年六月七日 一九九五

百年一夢到遼陽

今天（三月三十一日）上午看《新生報》第二十版《大千》上有一則方塊新聞，是「中央社電」，第一段內容如下：「自三十年代以來，便爲紅學家爭論不休的曹雪芹祖籍問題，日前由大陸學者在北京召開的『曹雪芹家世、祖籍和著作權學術討論會』上，確定曹雪芹的祖籍應爲遼寧省遼陽市，而非河北省豐潤縣。」

而根據北京中新社的報導，這場研討會是由「大陸紅樓夢學會」、「中國藝術研究院紅樓夢研究所」和《紅樓夢學刊》雜誌等單位召開。

從上面召開的單位看來，在考據《紅樓夢》這方面，比當年在美國威斯康新召開的紅學會議，和幾乎是原班人馬，又在台北召開過一次的紅學會議要權威多了！那兩次「紅學會議」，是在原地兜圈子，並沒有考據什麼新鮮事兒出來——還是在考證書中的一字一句、一桌一椅、一衣一幅、乃至晴雯的頭髮……，甚至有人說《紅樓夢》的作者是誰？

他還不大能清楚確定。這種考證的「紅學會議」有什麼價值?連文學創作和歷史著作的性質都弄不清楚，這算什麼紅學專家?至於曹雪芹的哲學思想那更是瞎子摸象，我懷疑那些「專家」能不能讀懂《紅樓夢》都是一個大問題?舉例說，曹雪芹是怎樣替元春算命的?他們懂嗎?因此，我在民國六十九年八月三十一日在《中央日報．副刊》就發表了一篇題爲〈紅樓夢研究的正確方向〉文章，可惜上面那幾句話被編者刪掉了，我想一是編者怕得罪主辦單位和那些「紅學專家」，二是編者自己也未必懂?而我這個作者又無能力辦一家報紙或辦一份雜誌，因此便不得不被別人「強姦民意」了!(這篇拙作後來收錄在商務印書館於民國七十二年二月出版的《山中人語》散文集中，我也懶得再將原句添加進去，但我在二十多年前就修訂批注完成的《張本紅樓夢》，終於一九九六年一月初由湖南出版社出版了兩大本精裝本，全中國讀者可以在《張本紅樓夢》中一看究竟了。)

大陸的這次紅學會議，最少釐清了曹雪芹的祖父曹寅是由遼陽從龍入關的滿清族人的一支，確定了曹雪芹是遼寧遼陽人。

我在《紅塵續集》五一九、五二〇頁就利用龍家第四代龍紹芬和她的同學旗人劉文英在北京宣武區南菜園參觀大觀園久別重逢，不期而遇，談到曹雪芹是遼陽人，劉文英也是遼陽人，她利用出差的機會來參觀大觀園，看看她這位鄉前輩曹雪芹筆下的蠟像人物以及這座新建的大觀園。龍紹芬和劉文英是久別重逢，在重慶沙坪壩中大唸書當時兩人感情特別好，有人懷疑她們兩人是同性戀，她們兩人的那段談話，請讀者自己去「考證」、對照。但也請看看《紅塵續集》五五六頁完稿的時間是八十一年（西元一九九二年）六月十日，出版時間是八十二年十二月。比八十四年（西元一九九五年）三月三十一日見報的這一則中央社和大陸中新社的報導，足足早了兩年十個多月的時間。這也是有憑有據的，不是我信口開河。

這也就是為什麼我寫《紅塵》幾乎送掉老命，現在還得付出大筆醫藥費診治耳鳴腦鳴的原因（榮總治不好），但只要能替中華民族、中華文化、文學，作出一丁點兒有益的事來，我也無怨無悔，因[illegible]現在雖然[illegible]《紅塵》順[illegible]出版，我相信總有一天全世界的炎黃子孫都會看到全部《紅塵》。我和寒山子對他自己的作品有信心一樣，我對我以生命換來的《紅塵》也有十足的信心。寒山子曾在他的詩中說：「一遇明眼人，即自流天下。」事隔一千多年，他的話已經應驗了。我相信《紅塵》也會遇到「明眼人」（墨人校注：法國漢學家亦正在趕譯《紅塵》法文本中）。我寫這篇文字，不是為了證明我的「預知」能力，而是怕以後的讀者浪費太多時間去考證「我」和《紅塵》，那是沒有太多價值的事。

（一九九五）

《新生報》八十四年四月一日

四光注：《紅塵》法文譯本二〇〇四年初已在巴黎出版豪華典雅的巨型版本

二〇〇六年十月[illegible]北投

清明時節雨紛紛

清明時節雨紛紛，路上行人欲斷魂。
借問酒家何處有？牧童遙指杏花村。

幼年時背《千家詩》，背得滾瓜爛熟，老師不講，多不解其意，惟有這首寫清明時節掃墓祭祖的詩，老師不講，亦會其意，因爲這是一首寫景寫實的詩。每逢清明，十之八九都是這種天氣，往往一身雨淋淋，但興趣不減，因爲掃墓兼踏青，兒時一樂也。現在自己老早過了入木之年，這首詩還是記得很熟，幸未得老人癡呆症，但記憶力卻壞得很，很多事轉身即忘，看書也「過目即忘」，所以這首詩也一時想不起來是誰作的？

今年臺灣省文獻會，特別舉辦姓氏源流，譜牒展覽，尋根系列活動，讓住在臺灣的人，看看自己是從哪兒來的？自己的祖先是誰？此時此地，眞是一種很有意義的文化活動。臺灣是不是什麼「新民族」?大家看看自然清楚了，是誰在說謊?誰在愚弄臺灣人民?便不攻自破了。

十幾年前，主編張建邦先生族譜的雲南籍的申慶璧教授，送了我一套宜蘭張氏族譜，我一看源流，發現張建邦先生的祖先在明朝時佐明成祖靖難，追封榮國公、河間王玉公，和我們是同一個祖先，只是我家的族譜被明末左良玉付之一炬，後來是根據口傳和當時世交轉述才補修完成，輔公、輗公、軏公、輈公完全正確，再下一代便有些紊亂，不如宜蘭張家經過多方考證那麼支系分明，因爲張家在全中國是大族，人口超過一億，我們遷九江的那一支，僅男丁已超過七百多人，男女合計則超過千人以上。我現在已成爲「臺胞」，又是臺灣的一世祖了，幸好我的子女已編入族譜，女兒上譜是我主張的，以前女兒不能上譜，只有媳婦才能上譜，可能因爲我是「臺胞」的關係，本來不准修譜，後來官方也睜一隻眼，閉一隻眼，總算草草完成了，但缺點甚多，希望我有生之年，能回故鄉親自主持重修一次，我要參酌宜蘭張氏族譜，釐清一些紊亂之處，當然這是一大工程，是很費力的事，主要的是考證工作。

家有家乘，國有國史，除非野蠻民族，不然都有這種紀錄，中國是歷史文化悠久的國家，中國的家族制度有許多優點，大則是國家歷史文化傳承的重要資料，小則是後代子孫愼終追遠的依據，不會「數典忘祖」，淸明節就是這一系列香火相傳的重要活動之一。

臺灣的淸明節因人口組合的不同，祖籍泉州人比漳州人多，泉州人多做淸明節，漳州人多做「三月節」，其實只是日子差三、兩天，意義完全一樣。在大陸雲南大理白族，和廣西等地少數民族，他們也做三月三，如繞三靈等，但那是靑年男女的戶外社交遊樂活動，長江一帶掃墓祭祖則可以提前三、兩天，直到淸明爲止。

臺南連雅堂是泉州人，他卻有一首〈三月節〉七絕：

衣衫扇影林投路，細雨輕風楝子天；
最是城南三日節，踏青齊到斗山前。

這首詩很好，這才是中華民族的精緻文化，他的後裔雖官大錢多，恐怕未必能傳承這種精緻的民族文化！

《新生報》八十四年四月九日

兩岸詩心有異同

最近同一天接到上海作家協會副主席、《中國大百科全書》副總編輯，新舊詩都寫得很好的羅洛先生的信，和北京中國作家協會創作研究部研究員、中國詩歌學會常務副會長兼祕書長的張同吾先生的信，北京和上海是大陸中國文學的兩大重鎭，他們兩位都是行家，也都是關鍵人物，他們的信中雖然都提到拙作，更談到文學發展方向的問題，今日之事，即明日之史，所以我也不避嫌地引述他們信中的話以存眞。羅洛先生較張同吾先生年長，我先扼要引錄他的原信：

「前承贈《大陸文學之旅》及《小園昨夜又東風》，近日又承惠贈《墨人半世紀詩選》，甚以爲謝。在你半個多世紀的文學創作中，就數量而言，詩並不占主要地位，但我覺得你的詩最能表現你的氣質和品格。你主張新詩應走與傳統詩詞整合之路，此說深得我心。而你的詩就是你主張的實踐，正由於你對古典詩詞知之甚深，因而你的新詩才能寫得如此雍容大方，凝煉自然。古語云：『詩言志。』西諺云：『風格即人。』『七五人生一首詩』，頗能得其中眞意……」

這封信是三月五日寫的，他的新詩也是與傳統詩詞整合得最成功的，他寫我故鄉的〈煙水亭〉那首新詩，我認爲是必傳之作，我在《大陸文學之旅》一書中已有評價，此處不贅述。

張同吾先生的信也是三月五日寫的，我也扼要抄錄如后：

「……十天前蒙贈大著《墨人半世紀詩選》，向您遙致衷心感謝之意……大著收入您半世紀創作之精粹，又印製大方、精美，可謂詩之精品，至爲寶貴，我當擠出時間拜讀，向您學習。我現在越發強烈地感到，俗文化對菁英文化的衝擊、挑戰是何等嚴重，不容無視，那麼炎黃子孫中的有識之士，海峽兩岸乃至在海外的優秀詩人們，應該創作出更優秀的作品，同時要加强學術交流，把華夏詩歌的繁榮視爲己任。去年十二月在深圳召開的華人詩人筆會上，我介紹了大陸詩歌的格局和走向，並向與會者發出呼籲。另一方面也正是出於此種願望，『中國詩歌學會』經兩年籌畫，已在民政部正式登記註册。會長艾青、臧克家，副會長爲李瑛、鄒荻帆、張志民等，我與李小雨、桑恆昌、未凡任正副祕書長。現處草創階段，擬以後逐漸發展學術研討與學術交流，還望方家及臺灣的詩人們參與，您是德高望衆（此字可能筆誤）的詩人，更望您能鼎力相助。……」

近年兩岸詩人詩學交流不少，羅洛、張同吾兩位我都認識。大陸詩人作家和我的共識更多，因爲他們的傳統文化、文學根基較深，反而是臺灣少數詩人的異化傾向過去相當嚴重，近年稍好一些，但兩岸詩人與詩要能水乳般地自然融合，還需要一些時間，我認爲詩人的氣質問題更大於創作方面的問題，正如新詩與傳統詩詞的整合不是三、五年時間可以成功一樣。但加強交流則是不二法門，這點我完全同意。

《新生報》八十四年三月二十三日（一九九五）

人到中年品味高

頃接上海紅學家陳詔兄三月二日來信，開頭便說：「……日前陳邇兄交給我一册您的新著《墨人半世紀詩選》，我正在吟誦，不知您爲什麼沒有把舊體詩也收進去？我年輕時也喜歡寫新詩，但中年以後，就覺得新詩不夠味兒，還是舊詩能夠抒懷……」

陳詔兄是上海紅樓夢學會副會長，一九九〇年五月我應邀赴大陸作四十天的文學之旅時，第一站是北京，第二站便是上海，大概是五月二十四日下午，上海的作家、詩人、教授、紅學家、評論家在文藝會堂舉行了一場座談會，陳詔兄是出席人之一，事先我對濟濟一堂的與會者一無所知，包括他在內，而我則「單刀赴會」。據他隨信剪寄給我，刊在《海上文苑》雜誌上的大作——〈訪臺歸來懷友人〉之內容：

「……與墨人相識。清癯端莊的面容，嚴謹儒雅的風範，給人的第一印象就是一身正氣。那一天，墨人在座談會上侃侃而談他的人生觀、文學觀，直截了當，痛快淋漓，語驚四座。他說：『不讀《紅樓夢》就沒有資格作中國作家！』……」

我引他這幾句話不是往自己臉上貼金，而是當時我完全不知道他是何許人也？散會後才知道他是紅學專家，他對《紅樓夢》與我有很多的共識，他大有「相見恨晚之慨」，因此我們成了知己，但後來他邀我去上海開紅學會我沒有去，去年他來臺灣在中央大學開紅學會我也沒有參加，主辦者那年為了邀我一道去上海、揚州等地開紅學會，作紅學之旅，我再三婉謝，因為我不想「腰裡別個死老鼠，冒充打獵的」作「紅學家」狀。我研究紅學與一般紅學家大異其趣，我不搞考據，專研究曹雪芹的哲學思想和文學技巧，早在民國五十五年十一月我就在臺北商務印書館出版了《紅樓夢的寫作技巧》這本書，以後又寫了有關曹雪芹思想的文章，還費了很多時間修訂批注了《紅樓夢》，並定名為《張本紅樓夢》，我的大陸代理人說一月間會在北京付印，果眞出書，我也等了二十多年，很多人都不知道我作過這種傻事，因為臺灣出版人根本不肯出版這種書。（墨人校註：《張本紅樓夢》已改由湖南出版社於一九九六年一月初出版

但是我也沒有想到陳詔兄年輕時也寫新詩，更沒有想到他中年以後「就覺得新詩不夠味兒，還是舊詩能夠抒懷……」而他還奇怪我「為什麼沒有把舊體詩也收進去」？他知道我寫舊詩大概是從《紅塵》長篇小說中讀到的？我退休前後寫了一些詩詞都分別收錄

在商務印書館出版的《全唐詩尋幽探微》和《全唐宋詞尋幽探微》兩本拙著之後作爲附錄。所以沒有收入新詩集《墨人半世紀詩選》內，如果收進去，當然很好。不過臺灣新詩人多排斥舊詩，此中原因只可意會，不可明言。如果我來個新舊詩合集，準會挨罵，我更無意自炫，今後我一定會寫些詩詞自娛，兼以娛同好。五年以內，我很可能出一本《墨人詩詞集》，以酬陳詔兄雅意。

《新生報》八十四年三月十五日

墨人註：我的《墨人詩詞詩話》專集二〇〇〇年四月已由台北・詩藝文出版社出版，全書三九八頁，硬面精裝。爲新詩古典詩詞讀者作者同愛之共賞通曉處。

二〇〇七年一月二十五日重校

作家豈為得獎來

——讀蕭乾談諾貝爾獎有感

據民國八十四年（西元一九九五年）四月四日《聯合報》大陸新聞中心臺北報導，大陸八十五歲的老牌新聞記者、作家、翻譯家蕭乾先生表示，諾貝爾文學獎不是衡量現代中國文學成就的標誌，也不能把諾貝爾文學獎當作衡量現代中國文學成就的標誌，他希望中國作家能從諾貝爾文學獎的情結中解放出來。[redacted]。

他說中國自「五四」以來，文學都是貼近現實生活的，是為人民吶喊的，不是生活的擺設，[redacted]。

蕭先生這段話[redacted]是太高估了諾貝爾文學獎的評價標準，[redacted]「為文學而文學」，不是壞事，但諾貝爾獎沒有作到，它往往是現實的、政治的，如哥倫比亞的社會主義者馬奎斯，他說：「我的打字機就是武器！」如果把馬奎斯的得獎作品當作純文學作品看，是太高估了馬奎斯！那種水準的作品多年前有人特別推薦給我看，我未看完就摔掉了。《異鄉人》是存在主義的中短篇得獎作品，和《老人與海》一樣缺少人生哲學思想深度，更別談宇宙觀了！如果以純文學觀點來看，馬奎斯、海明威、卡繆……等都能得諾貝爾文學獎，曹雪芹的《紅樓夢》得一百個諾貝爾文學獎也不為多，而前蘇聯的索忍尼辛的作品也是「貼近現實生活的，是為人民吶喊的」。蕭洛霍夫也是前蘇聯的作家，他們的得獎國際間也不是一致肯定的，為什麼大陸同樣生活在社會主義體制下，同樣「為人民吶喊」的作家不能得獎呢？這是不合邏輯的。

我個人的淺見是：大陸作家之所以排隊很久，而尚未得獎，一是一九四九年前的作品有些模仿西方，還不夠成熟，也沒有走上中國新文學自己的道路，較具有中國文學特色的是老舍、沈從文的作品，但老舍被紅衞兵整死了，如不死是有希望得獎的，沈從文的散文、短篇小說分量不夠，一九四九年以後他又「明哲保身」，乾脆改行，這樣中國文學就死了！其他二、三十年代的作家，想明哲保身也保不住，多半打成牛鬼蛇神，一片空白，請問中國作家如何得獎？那些口號式的作品，自然很難得獎，而拙作《紅塵》，大陸想出版的公司、出版社不少，但通不過「審批」，北京某大出版公司曾列表寄我，將他們擬刪節的文句，逐頁注明，徵求我的同意，我看到連對話中的「長毛」兩字都要刪去，本來他們對我十分客氣，但我一氣，取消了出版原議，後來又有不少大陸評論家，乃至海外朋友，勸我委屈一下，先出節本，以後會有機會全部出版的，但我寧可等下去。《紅塵》是眞正爲人民[redacted]的，也是百分之百的純中國文學作品，大陸尚且不能出版，大陸作家又如何能寫出得獎的作品呢？

作家不是爲得獎而來到這個世界的，但是中國這樣一個大國，這麼多的作家，不能得獎在「政治上」是很沒有面子的。「解鈴還須繫鈴人」，不過不是蕭乾老先生，我很同情他。

《新生報》八十四年四月十一日

二〇〇七年一月二十五日燈下重校

吾觀自古賢達人

李家父子各千秋

南唐先主李昪，嗣主李璟，後主李煜，祖孫父子三人都是傑出的詩人，而李璟、李煜父子更是傑出的詞人，只是李煜的名氣太大，其父詞名反為所掩，其實李煜詞脫胎於乃父，有其父方有其子，且看李璟的〈浣溪紗〉：

風壓輕雲貼水飛，乍晴池館燕爭泥，沈郎多病不勝衣。
沙上未聞鴻雁信，竹間時聽鷓鴣啼，此情惟有落花知。

〈攤破浣溪紗〉二首

菡萏香消翠葉殘，西風愁起綠波間，還與韶光共顦顇，不堪看。

細雨夢回雞塞遠，小樓吹徹玉笙寒；多少淚珠何限恨，倚闌干。

手卷真珠上玉鈎，依前春恨鎖重樓；風裡落花誰是主？思悠悠。

青鳥不傳雲外信，丁香空結雨中愁；回首綠波三峽暮，接天流。

由以上三詞看來，李璟絕不在其子李煜之下。

李煜有詞三十四首，都是短調，首首都好，他的作品充滿兒女之情，與亡國哀音，所以感人，且引數首如后：

憶江南

多少淚，露袖復橫頤，心事莫將和淚滴，鳳笙休向月明吹，腸斷更無疑。

多少恨，昨夜夢魂中，還似舊時遊上苑，車如流水馬如龍，花月正春風。

相見歡

林花謝了春紅，太匆匆，無奈朝來寒雨，晚來風。

胭脂淚，相留醉，幾時重？自是人生長恨，水長東。

無言獨上西樓，月如鉤，寂寞梧桐深院，鎖清秋。

剪不斷，理還亂，是離愁！別是一番滋味，在心頭。

菩薩蠻

花明月暗籠輕霧，今宵好向郎邊去，剗襪步香階，手提金縷鞋。

畫堂南畔見，一晌偎人顫，奴爲出來難，教君恣意憐。

虞美人

春花秋月何時了，往事知多少？小樓昨夜又東風，故國不堪回首月明中。

雕闌玉砌應猶在，只是朱顏改，問君能有幾多愁？恰似一江春水向東流。

李煜的兒女之情，亡國哀音，情見乎詞，但他最沉痛的還是〈渡江中望石城泣下〉這道七絕：

江南江北舊家鄉，三十年來夢一場。
吳苑宮闈今冷落，廣陵臺殿已荒涼；
雲籠遠岫愁千片，雨打孤舟淚萬行。
兄弟四人三百口，不堪閒坐細思量。

《新生報》八十四年五月二十二日

元白交情非等閒

唐朝詩人中，元微之、白居易兩人，不但詩作出類拔萃，兩人交情更篤，非李白、杜甫可比，其他詩人更不能與元白相比，白居易雖亦與劉夢得友善，但交情不如元微之深厚。

元微之，本名元稹，河南河內人，元和初應制策第一，除左拾遺，歷監察御史，中書舍人，工部侍郎平章事，檢校戶部尚書，武昌軍節度使，曾貶江陵士曹參軍，通州司馬，卒年五十三歲。他與白居易不但交情好，才情亦相當，兩人唱和最多，時稱元和體，微之所作詩，嬪妃傳誦，宮中呼為元才子，他長短詩均所擅長，長詩有多達百韻者，但不能與白居易的〈琵琶行〉齊名，而絕律詩極佳，著有《長慶集》，《全唐詩》收入他的詩作七五四首，編為二十八卷。

元微之不但是詩人，也是小說家，他的《會眞記》在唐人小說中有重要地位；元人王實甫且據以改為《西廂記傳奇》，京劇的《西廂記》亦膾炙人口，其實都是源於元微之的《會真記》。據《辭海》所載，元微之、崔鶯鶯為中表，如此《會真記》則為元微之的自傳小說，夫子自道也。

從元微之的詩即可看出，他是一位多情才子，情深似海，才氣縱橫，他任監察御史時與成都名妓才女薛濤亦有過從唱和，但不幸的是他迭遭喪妻喪子喪女之痛，他在〈哭子詩〉中有：「深嗟爾更無兄弟，自嘆予應絕子孫。」何其沉痛也。

白居易字樂天，下邽人，屬今陝西省渭南縣，貞元進士，歷任翰林學士、左拾遺、贊善大夫、江州司馬、忠州、蘇州、杭州刺史、刑部侍郎、河南尹、太子少傅、刑部尚書，可以說官高位顯，但他所有的官位都不如小小的「江州司馬」出名，因為他在江州留下了一首傳誦千古的〈琵琶行〉，他有詩二千八百三十七首，三十九卷，是唐朝詩人中作品最多的一位。他也很自負，他曾題自編十五卷詩集末〈戲贈元九李十二〉，且引第二首以證：

世間富貴應無分，身後文章合有名。
莫怪氣粗言語大，新排十五卷詩成。

其實他是富貴壽考，只是寫這首詩時可能尚未登峯造極，但他對自己的作品深有信心，正如寒山子一樣，雖然窮得衣不蔽體，他認爲千年以後他的作品必然「流天下」。一位有信心的大詩人、作家莫不如此，絕非狂妄也。

我在《全唐詩尋幽探微》中選了他三首寫給元微之的詩，且引一首如下：

曲江憶元九

春來無伴閑遊少，行樂三分減二分。
何況今朝杏園裡，閑人逢盡不逢君。

而元微之寫給他的兩首詩就更感人，且引兩首如下：

聞樂天受江州司馬

殘燈無焰影幢幢，此夕聞君謫九江。
垂死病中驚坐起，暗風吹雨入寒窗。

得樂天書

遠信入門先有淚，妻驚女哭問何如？
尋常不省曾如此，應是江州司馬書。

可見元微之眞是性情中人，他們的感情勝過一般手足，絕無文人相輕的毛病，他們兩人的官位才情相當，也都無子，但元微之只活了五十三歲，白居易卻壽高七十五，唐宣宗還寫了一首既見眞情，也對他作了適當的評價的詩弔他，詩如下：

綴玉聯珠六十年，誰教冥籍作詩仙？
浮雲不繫名居易，造化無爲字樂天；
童子解吟長恨曲，胡兒能唱琵琶篇。
文章已滿行人耳，一度思卿一愴然。

《新生報》八十四年（一九九五）五月十一日

岳飛絃斷有誰聽

南宋偏都臨安，君臣尚不知反省，猶自爭權奪利，驕奢淫逸，惟一能抵禦大敵，扭轉乾坤的岳飛，反被奸相秦檜所陷，自毀長城，趙宋氣數已盡固不足惜，陷江南人民於水火，無罪宮娥爲楚囚，其情堪憫。從南宋宮廷樂師汪水雲的〈洞仙歌〉與宮娥章麗貞、袁正真、金德淑、連妙淑、黃靜淑、陶明淑……的作品〈望江南〉中可以概見。而岳飛的〈小重山〉、〈滿江紅〉作品中更透露了南宋必亡的消息。

岳飛字鵬舉，相州湯陰人，崇寧二年（西元一一〇三年）生，與金人戰，累立戰功，歷少保、河南北諸路招討使，進樞密副使，封武昌郡開國公，罷爲萬壽觀使，以不附和議，於紹興十一年（西元一一四一年）爲秦檜所陷，殞大理獄，年三十九。孝宗初，飛復官，淳熙六年（西元一一七九年），賜謚武穆，嘉定四年追封鄂王、淳佑六年（西元一一四六年）改謚忠武，有詞三首，均佳，其中〈滿江紅〉兩首爲長調。岳飛爲一武將，其詞之佳則在進士第一的文臣文天祥之上，蘇東坡唱「大江東去」，岳武穆更唱「怒髮衝冠」，以壯士鐵血代兒女幽情，非武穆曷克臻此？他的〈小重山〉更寫出他遶室徬徨，憂心國事，孤立無援的窘境，忠勇如岳飛，亦徒呼負負，末代王朝，類多如此。

小重山

昨夜寒蛩不住鳴，驚回千里夢，已三更，起來獨自遶階行，人悄悄，簾外月朧明。　白首為功名，舊山松竹老，阻歸程，欲將心事付瑤琴，知音少，絃斷有誰聽？

以詞論詞，這是一首好詞。而他的「獨自遶階行」，可見他憂心國事，遶室徬徨，孤掌難鳴的痛苦。

他的〈滿江紅〉寫懷，寫他的怒髮衝冠，收拾舊山河的壯志，固令人鼓舞，結果是壯志未酬，死於奸相昏君之手，南宋自毀長城，所以才有汪元量的〈洞仙歌〉，和許多宮娥的〈望江南〉，楚囚對泣。

岳飛的第二首〈滿江紅——登黃鶴樓有感〉，知者不多，但這首詞寫金兵逼近，生靈塗炭，田園寥落，歷歷如繪，是《全宋詞》中一首難得一見的佳作，比蘇東坡的〈念奴嬌〉更令人感慨，詞如后：

遙望中原，荒煙外，許多城廓，想當年，花遮柳護，鳳樓龍閣，萬歲山前珠翠繞，蓬壺殿裡笙歌作，到而今，鐵騎滿郊畿，風塵惡。

兵安哉？膏鋒鍔，民安哉？填溝壑，歎江山如故，千村寥落，何日請纓提銳旅？一鞭直渡清河洛，卻歸來，再續漢陽遊，騎黃鶴。

岳飛是鐵血男兒，但非一介武夫，其實他是滿腹經綸，一身文采，此類中華熱血兒女，抗戰時投筆從戎者前仆後繼，惜乎如非「膏鋒鍔」，即已「填溝壑」，幸而未死者，已是七老八十的苟延殘喘的老榮民了。

《新生報》八十四年五月二十五日

(一九九五)

水雲長笛洞仙歌

南宋音樂家、大詞人汪元量，號水雲，錢塘人，以善琴事謝后、王昭儀。宋亡，隨三宮留燕，後爲黃冠師南歸，著有《水雲集》、《明山類稿》，詞三十四首。

汪元量不僅是優秀的音樂家，更是詞中高手，而且長短調都好，長調更爲全宋詞人中首屈一指者，一般長調作者多流於散文化，平淡而無味，不能卒讀，汪元量的〈鶯啼序〉重過金陵，不但是長調中之長調，而且內容充實，懷古、感時、敘事無一不佳，非其他大詞人所能及，且看他的〈鶯啼序〉：

金陵故都最好，有朱樓迢遞，嗟倦客，又此憑高，檻外已少佳致，更落盡梨花，飛盡楊花，春也成憔悴。

問青山，三國英雄，六朝奇偉。

麥甸葵丘，荒臺敗壘，鹿豕啣枯薺，正潮打孤城，寂寞斜陽影裡。聽樓頭，哀笳怨角，未把酒，愁心先醉，漸夜深，月滿秦淮，煙籠寒水。悽悽慘慘，冷冷清清，燈火渡頭市，慨商女不知興廢，隔江猶唱後庭花，餘音疊疊，傷心千古，淚痕如洗，烏衣港口青蕪路，認依稀，王謝舊鄰里。臨春結綺，可憐紅粉成灰，蕭索白楊風落，因思疇昔，鐵索千尋，漫沉江底。揮羽扇，障西塵，便好角巾私第，清談到底成何事？回首新序，風景今如此，楚囚對泣何時已，歎人間，今古真兒戲。東風歲歲還來，吹入鍾山，幾重蒼翠。

這樣的長調，調中少有，汪元量身經南宋之亡，感慨尤多，但他不像李煜的「揮淚對宮娥」，也非「雨打孤舟淚萬行」，而是以一位歷史的過客心，客觀地寫出他的感慨；他寫毗陵趙附兵後僧多用爲作佛屋的〈洞仙歌〉，更是歷史的見證，更足發人深省。

洞仙歌

西園春暮，亂草迷行路。風卷殘花墮紅雨，念舊巢燕子，飛傍誰家？斜陽外，長笛一聲今古。

繁華流水去，舞歇歌沉，忍見遺鈿種香土？漸橘樹方生，桑枝纔長，都付與，沙門為主。便關防，不放貴遊來，又突兀梯空，楚王宮宇。

汪元量身在宮中，在「暖風薰得欲人醉」的杭州，他眼見趙氏子孫的紙醉金迷，歌舞不休，又眼見趙府「芳草迷行路」，「遺鈿種香土」，這種親身見證，最具教育意義，也值得今日歌舞不休，紙醉金迷，爭權逐利者三思。

汪元量到幽州九日，又填了一首〈望江南〉：

官舍悄，坐到月西斜，永夜角聲悲自語，客心愁破正思家，南北各天涯。

腸斷裂，搔首一長嗟，綺席象牀寒玉枕，美人何處醉黃花？和淚撚琵琶。

這首詞寫的是俘虜的處境心情，他只是一位宮廷樂師，不是趙宋子孫，這首詞也好。他的好詞還多，再引〈卜算子〉和〈一翦梅〉二首，以見其才情。

卜算子（河南送妓移居河西）

我向河南來，伊向河西去，客裡相逢只片時，無計留伊住。
去住總由伊，莫把眉頭聚，安得　州快剪刀，割斷相思路。

一翦梅（懷舊）

十年愁眼淚巴巴，今日思家，明日思家，一團燕月照窗紗。樓上胡笳，塞上胡笳。
玉人勸我酌流霞，急撚琵琶，緩撚琵琶，一從別後各天涯。欲寄梅花，莫寄梅花。

《新生報》八十四年五月二十六日

粉黛宮娥淚不收

南宋亡後，幸有汪元量這位宮廷音樂家和大詞人，作了歷史的見證，還有度宗昭儀和宮人們也寫了不少可為殷鑑的好詞，值得引用。

王清惠，字沖華，度宗昭儀，宋亡徙北，授瀛國公書，有〈滿江紅〉一首，亦可作歷史見證：

太液芙蓉，渾不似，舊時顏色。曾記得，春風雨露，玉樓金闕，名播蘭簪妃后裡，暈潮蓮臉君王側。忽一聲，鼙鼓揭天來，繁華歇。

龍虎散，風雲滅，千古恨，憑誰說？對山河百二，淚盈襟血，客館夜驚塵土夢，宮車曉輾關山月。問嫦娥，於我肯從容，同圓缺？

章麗貞，宋宮人，有〈長相思〉一首，甚佳：

吳山秋，越山秋，吳越兩山相對愁，長江不盡流。
風颼颼，雨颼颼，萬里歸人空白頭，南冠泣楚囚。

袁正真，宋宮人，亦有〈長相思〉一首：

南高峯，北高峯，南北高峯雲淡濃，湖山圖畫中。
采芙蓉，賞芙蓉，小小紅船西復東，相思無路通。

金德淑，宋宮人，有贈汪水雲南還〈望江南〉一首：

春睡起，積雪滿燕山。萬里長城橫玉帶，六街燈火已闌珊。人立薊樓間。
空懊惱，獨客此時還。轡壓馬頭金錯落，鞍籠駝背錦斕斑。腸斷唱陽關。

連妙淑，宋宮人，亦有贈汪水雲南還〈望江南〉一首：

寒料峭，獨立望長城。木落蕭蕭天遠大，角（原為空格，角字為我填補。墨人註）聲羌管遏雲行。歸客若爲情。　樽酒盡，勒馬問歸程。漸近蘆溝橋畔路，野牆荒驛夕陽明。長短幾郵亭。

黃靜淑，宋宮人，亦有贈汪水雲〈望江南〉一首：

君去也，曉出薊門西。魯酒千杯人不醉，臂鷹健卒馬如飛。回首隔天涯。
雲黯黯，萬里雪霏霏。料得江南人到早，水邊籬落忽橫枝。清興少人知。

陶明淑，宋宮人，亦有贈汪水雲南還〈望江南〉一首：

秋夜永，月影上闌干。客枕夢回燕塞冷，角聲吹徹五更寒。無語翠眉攢。
天漸曉，把酒淚先彈。塞北江南千萬里，別君容易見君難。何處是長安？

此外還有柳華淑、楊慧淑、華清淑、梅順淑、吳昭淑、周容淑等六位宮人贈汪水雲的〈望江南〉詞，首首都好，首首都是斷腸詞，不一一全錄，宮人吳淑眞贈汪水雲南還的「霜天曉角」不同調，特錄於后：

塞門掛月，蔡琰琴心切，彈到笳聲悲處，千萬恨，不能雪。

愁絕、淚還北，更與胡兒別，一片關山懷抱，如何對、別人說。

南宋有岳飛、汪水雲和這些宮人，可以說臣非亡國之臣，君卻是亡國之君。我有〈鷓鴣天——詠宋宮人〉一首，以寄感慨，詞如后：

玉樓金闕變荒丘，粉黛宮娥淚不收。羌管角聲驚客夢，才人寫盡燕山愁。

雲黯黯，恨悠悠，兒女情懷繞指柔。望徹江南千里路，楚囚腸斷薊樓秋。

《新生報》八十四年五月二十七日

不夫不主 為妾為妻

戰爭給婦女帶來的災難不亞於男人。抗戰時，日軍所到之處，姦淫擄掠，舉不勝舉，「慰安婦」更是一個特殊名詞。南宋亡時，婦女亦遭殃，見於宋詞者有徐君寶妻，其不能詩詞者，更沒沒無聞矣。

徐君寶妻，宋末岳州人，其妻被擄至杭，弗從敵，投池水而死。有〈滿庭芳〉一首，甚佳，詞如后：

漢上繁華，江南人物，尚遺宣政風流，綠窗朱戶，十里爛銀鉤。一旦刀兵齊舉，旌旗擁，百萬貔貅。長驅入，歌臺舞榭，風捲落花愁。
清平三百載，典章人物，掃地俱休，幸此身未北，猶客南州。破鑑徐郎何在？空惆悵，相見無由。從今後，夢魂千里，夜夜岳陽樓。

從詞中可以看出，徐君寶妻是一位才女、烈婦，詞是她的受難記實。而不能詞，不能詩的受難婦女，更不知有多少？另一劉氏，自署雁峯劉氏，題〈沁園春〉於長興酒庫，這是她被掠北上的寫實之作，詞如后：

我生不辰，逢此百罹，況乎亂離？奈惡姻緣到，不夫不主；被擒捉去，爲妾爲妻。父母公姑，弟兄姐妹，流落不知東西。心中事，把家書寫下，分付伊誰？

越人北向燕支，回首望，雁峯天一涯，奈翠鬟雲軟，笠兒怎戴？柳腰春細，馬兒難騎。缺月疏桐，淡煙衰草，對此如何不淚垂？君知否？我生於何處？死亦魂歸。

越女文弱優雅，「翠鬟雲軟，笠兒怎戴？柳腰春細，馬兒難騎。」都是寫實之作，湘女性較剛烈，所以徐君寶妻，投池而死，越女柔弱，爲妾爲妻，由征服者擺布，婦女之不幸，大多如此：

前篇〈粉黛宮娥淚不收〉，還有好幾位宋宮人的〈望江南〉未收入，茲再補錄如后。

柳華淑：

何處笛，覺妾夢難諧。春色惱人眠不得，卷簾移步下香階，呵凍卜金釵。

人去也，畢竟信音乖。翠鎖雙蛾空婉轉，雁行箏柱强安排，終是沒情懷。

楊慧淑：

江北路，一望雪皚皚。萬里打圍鷹隼急，六軍刁斗去還來，歸客別金臺。

江北酒，一飲動千杯。客有黃金如糞土，薄情不肯贖奴回，揮淚灑黃埃。

華淸淑：

燕塞雪，片片大如拳。薊上酒樓喧鼓吹，帝城車馬走駢闐。羈館獨凄然。

燕塞月，缺了又還圓。萬里妾心愁更苦，十春和淚看嬋娟。何日是歸年？

梅順淑：

風漸軟，暖氣滿天涯。莫道窮陰春不透，今朝樓上見桃花。花外輾香車。

圍步帳，羯鼓雜琵琶。壓酒燕姬騎細馬，秋千高掛綵繩斜。知是阿誰家？

吳照淑：

今夜永，說劍引盃長。坐擁地爐生石炭，燈前細雨好燒香。呵手理絲簧。

君且住，爛醉又何妨？別後相思千萬里　江南江北永相忘。真個斷人腸。

周容淑：

春去也，白雪尚飄零。萬里歸人騎快馬，到家時節藕花馨。那更憶長城。

妾薄命，兩鬢漸星星。忍唱乾淳供奉曲，斷腸人聽斷腸聲。腸斷淚如傾。

《新生報》八十四年五月二十八日

人約黃昏歐陽修

唐宋八大家之一的歐陽修，字永叔，晚號六一居士，江西廬陵人，景德四年（西元一〇〇七年）生，熙寧五年（西元一〇七二年）卒，享年六十六歲，贈太子太師，諡文忠，他是天聖八年（西元一〇三〇年）省元，中進士甲科，累擢景耀知制誥、翰林學士，歷樞密副使、參知政事，神宗朝，遷兵部尚書，以太子少師致仕，終其一生，可以說是位極人臣，榮華富貴，在宋朝六十六歲也可以算是壽考。

唐宋八大家中，江西有其三，即王安石、歐陽修、曾鞏，可見當時江西文風鼎盛，尤以歐陽修與王安石更是舉足輕重的人物，歐陽修還是蘇東坡的師長，可見其地位之崇高。

歐陽修不但是文學家，也是史學家，不但是著名的詩人，更是傑出的詞人，他有詞二百六十六首，而好詞極多，他在宋朝詞人中的地位足可與白居易在唐朝詩人中的地位相埒，他的詞最見性情，豔麗而脫俗，無假道學氣，直叩人心，的確是詞中高手。而他的〈生查子〉在《詞品》卷二中竟被誤爲朱淑眞詞；在《續選草堂詩餘》卷上，又誤作秦觀作品；而方回《瀛奎律髓》卷十六又引「月上柳梢頭」一句誤以爲李清照作品。這可能是以歐陽修的道德文章而論，認爲他是「道學先生」，不合寫出這種「豔詞」來。其實惟有性情中人才能剛能柔，能出能入，能全大德而不惺惺作態，與僞君子、假道學大異其趣。我們且看他兩首〈生查子〉：

去年元夜時，花市燈如畫，月到柳梢頭，人約黃昏後。
今年元夜時，月與燈依舊，不見去年人，淚滿春衫袖。

含羞整翠鬟，得意頻相顧，雁柱十三絃，一一春鶯語。
嬌雲容易飛，夢斷知何處？深院鎖黃昏，陣陣芭蕉雨。

以上兩首〈生查子〉，如出一轍，風格情懷，完全一致，可見歐陽修是一位深情款款的風雅之士。如要推敲，則是「月到柳梢頭」，不如「月上柳梢頭」、「淚滿春衫袖」，不如「淚濕春衫袖」的活潑、貼切，「到」與「滿」嫌「實」嫌「呆」，「上」與「濕」則有畫龍點睛之妙，一字之差，效果大異，文學作品必須求精、求準。

歐陽修的詞充分發揮了「抒情」的作用，詩言「志」，詞抒「情」，非性情中人不足以言詞，更不能塡詞，歐陽修正是詞中高手，再看他兩首〈漁家傲〉：

妾本錢塘蘇小妹，芙蓉花共門相對。昨日爲逢青傘蓋。慵不採。今朝斗覺凋零嫩。愁依畫樓無計奈，亂紅飄過秋塘外。料得明年秋色在。可愛。其如鏡裡花顏改。

妾解清歌並巧笑，郎多才俊兼年少。何事拋兒行遠道？無音耗。江頭又綠王孫草。昔日採花呈窈窕，玉容長笑花枝老，今日採花添懊惱。傷懷抱。玉容不及花枝好。

此歐陽修之所以爲歐陽修也。「人約黃昏後」既非朱淑眞，亦非李清照作品，更與秦觀無關。

《新生報》八十四年五月十六日

大江東去蘇東坡

唐宋八大家中，蘇軾父子兄弟即有其三，而以蘇軾最爲著名。蘇軾字子瞻，亦字和沖，自號東坡居士。眉山人，洵長子。景祐三年（西元一〇三六年）生。嘉祐二年（一〇五七年）進士乙科，對制策入三等。累除中書舍人、翰林學士、端明殿學士、禮部尚書。詔聖初，坐訕謗，安置惠州，徙昌化，徽宗立，赦還，提舉玉局觀。建中靖國元年（西元一一〇一年）卒於常州，享年六十六歲。孝宗朝，贈太師，諡文忠。有詞及斷句三百六十七首。

蘇東坡小歐陽修二十九歲，壽同。東坡仕途起伏，個性豪放，其作品兼陽剛陰柔之美。宋詞到東坡詞風一變，他和柳永均多長調，由於才大情豪、氣壯，故能唱大江東去，爲柳永所不及；他雖亦善吟風弄月，但無脂粉氣，亦無歐陽修「人約黃昏後」那種柔情作品；他是抒情言志兼而有之，將詩詞兩種功能揉爲一體，如〈滿庭芳〉：

蝸角虛名，蠅頭微利，算來著甚乾忙，事皆前定，誰弱又誰强？且趁閒身未老，盡放我，些子疏狂，百年裡，渾教是醉，三萬六千場。
思量，能幾許，憂愁風雨，一半相妨又何須，抵死談論短長？幸對清風皓月，苔茵展，雲幕高張，江南好，千鍾美酒，一曲滿庭芳。

蘇軾雖自號東坡居士，但他還是道家思想多於佛家思想，不離色相、不離酒，和李白有些相似，豪放亦近之，稍多煙火味，不似李白空靈，他的〈水調歌頭——丙辰中秋，歡飲達旦，大醉，作此篇，兼懷子由〉、〈念奴嬌——赤壁懷古〉，都是豪氣干雲，而無禪意禪味，乃濁世文豪才子也。此兩詞可視爲蘇之代表作，引錄如后：

水調歌頭

明月幾時有，把酒問青天，不知天上宮闕，今夕是何年？我欲乘風歸去，又恐瓊樓玉宇，高處不勝寒，起舞弄清影，何似在人間。
轉朱閣，低綺戶，照無眠，不應有恨，何事長向別時圓？人有悲歡離合，月有陰晴圓缺，此事古難全，但願人長久，千里共嬋娟。

念奴嬌

大江東去，浪淘盡，千古風流人物。故壘西邊人道是，三國周郎赤壁。亂石穿空（別作「崩雲」），驚濤拍（別作「裂」）岸，捲起千堆雪。江山如畫，一時多少豪傑。

遙想公瑾當年，小喬初嫁了，羽扇綸巾談笑間，强虜灰飛煙滅。故國神遊，多情應笑我，早生華髮。人間如夢，一尊還酹江月。

但他的〈蝶戀花〉卻是一闋寫景的妙品，情景交融，愈見其妙，可見他能放能收，此大家之不同凡響也。

花褪殘紅青杏小，燕子飛時，綠水人家繞，枝上柳綿吹又少。天涯何處無芳草，牆裡鞦韆牆外道，牆外行人，牆裡佳人笑，笑漸不聞聲漸悄，多情卻被無情惱。

《新生報》八十四年五月十七日

尋尋覓覓李清照

宋朝女詞人，以李清照、朱淑眞爲箇中翹楚，因其作品較多而且好詞亦多也。未讀《全宋詞》者，可能以爲她們兩位凌駕全宋詞人，其實宋詞大家甚多，如歐陽修、蘇東坡、陸放翁、汪元量……等，都是一代高才，而歐陽修的〈生查子〉更被誤爲朱淑眞、李清照的作品，造成一種錯覺。李清照、朱淑眞能者，歐陽修等亦能；而蘇東坡能者，女性詞人則不能；男性詞人能剛能柔者多，女性詞人則能柔不能剛，此先天氣質所限，如果朱淑眞、李清照也唱大江東去，則不能令人迴腸盪氣也。

李清照，號易安居士，濟南人，格非之女，趙明誠之妻，元豐七年（西元一〇八四年）生，昭興年間卒，年七十以上。著有《漱玉集》，《全宋詞》收其詞四十七首，十殘句。作品數量不如歐陽修、蘇東坡等人多。

李清照詞充滿女性的溫柔和多愁善感，她深愛歐陽修詞，尤其是歐陽修的〈蝶戀花〉，更爲她所酷愛，歐陽修〈蝶戀花〉如後：

庭院深深深幾許？楊柳堆煙，簾幕無重數。玉勒雕鞍遊冶處，樓高不見章臺路。雨橫風狂三月暮，門掩黃昏，無計留春住。淚眼問花花不語，亂紅飛過鞦韆去。

李清照因爲深愛這闋〈蝶戀花〉，特襲用其首句而填了一闋〈臨江仙〉，詞如后：

庭院深深深幾許？雲窗霧閣常扃，柳梢梅萼漸分明。春歸秣陵樹，人客遠安城。感月吟風多少事？如今老去無成。誰憐憔悴更凋零？試燈無意思，踏雪沒心情。

一般讀者可能只知道李清照這闋〈臨江仙〉，而少知歐陽修那闋〈蝶戀花〉，其實歐陽修的〈蝶戀花〉比李清照的〈臨江仙〉意象更豐富、更美。如果沒有歐陽修的〈蝶戀花〉，也就不會有李清照的〈臨江仙〉了。

李清照固是詞中高手，歐陽修似更高。

以下且引李清照幾闋好詞：

武陵春（春晚）

風住塵香花已盡，日晚倦梳頭。物是人非事事休，欲語淚先流。

聞說雙溪春尚好，也擬泛輕舟。只恐雙溪蚱蜢舟，載不動，許多愁。

點絳唇

寂寞深閨，柔腸一寸愁千縷。惜春春去，幾點催花雨。

倚遍闌干，只是無情緒。人何處？連天衰草，望斷歸來路。

聲聲慢

尋尋覓覓，冷冷清清，淒淒慘慘戚戚。乍暖還寒時候，最難將息。三杯兩盞淡酒怎敵他，晚風來急。雁過也，正傷心，卻是舊時相識。

滿地黃花堆積，憔悴損，如今有誰堪摘？守著窗兒，獨自怎生得黑？梧梧桐更兼細雨，到黃昏，點點滴滴。這次第，怎一個，愁字了得？

《新生報》八十四年五月十八日

斷腸才女朱淑真

二、三十年前，我曾以宋朝女詩人詞人朱淑眞作題材，寫成一萬二千字的小說，在香港《今日世界》發表。在小說中我引用了她十六首詩、一闋詞，這篇小說題爲《斷腸人》，後來我編爲小說散文合集，交由臺北學生書局於民國六十一年十一月出版，書名也定爲《斷腸人》。

朱淑眞，海寧人，自稱幽棲居士。據魏仲恭〈斷腸集序〉謂伊：「早歲不幸，父母失審，不能擇伉儷，乃嫁爲市井民家妻（墨人注：丈夫不識之無，奇醜無比），一生抑鬱不得志，故詩中多有憂愁怨恨語，每臨風對月，觸目傷懷，皆寓於詩，以寫其胸中不平之氣，竟無知音，悒悒抱恨而終。」但淑眞生而有幸，身後又有魏端禮輯其作品爲《斷腸集》，雖「並其詩爲父母焚之，而所傳者百不存一。」

朱淑眞《斷腸集》有詩三百首，詞三十首，而《全宋詞》僅收其詞二十五首，她的詩詞極佳，可謂雙絕，各引數首如后：

自入春來日日愁，惜花翻作爲花羞。
呢喃飛過雙雙燕，嗔我簾垂不上鈎。

鷗鷺鴛鴦作一池，須知羽翼不相宜。
東君不與花爲主，何似休生連理枝？

滿眼春光色色新，花紅柳綠總關情。
欲將鬱結心頭事，付與黃鸝叫幾聲。

背彈珠淚暗傷神，挑盡寒燈睡不成。
卸卻鳳釵尋睡去，上牀開眼到天明。

春花秋月若浮漚，怎得心如不繫舟？

肌骨大都無一把，何堪更駕許多愁？

以上五首七絕，不但寫詩的朱淑眞斷腸，我們千百年後的讀者，也爲之一掬同情之淚。她才氣之高，用字之妙，無與倫比。

旣讀其詩，亦不可不讀其詞，亦引數闋如后：

浣溪紗（春夜）

玉體金釵一樣嬌，背燈初解繡裙腰，衾寒枕冷夜春消。

深院重關春寂寂，落花和雨夜迢迢，恨情和夢更無聊。

減字木蘭花（春怨）

獨行獨坐，獨唱獨酬還獨臥。佇立傷神，無奈輕寒著摸人。

此情誰見？淚洗殘妝無一半。愁病相仍，剔盡寒燈夢不成。

謁金門（春半）

春已半，觸目此情無限，十二闌干閒倚遍，愁來天不管。
好是風和日暖，輸與鶯鶯燕燕。滿院落花簾不捲，腸斷芳草遠。

朱淑眞的確是一代才女，她的〈減字木蘭花〉前兩句爲四個「獨」字，用得絕妙。〈謁金門〉的「愁來天不管」這一句也用絕了。這才是文學精品，這才是文學天才。她的詩詞比李淸照的作品更感人。她的不幸婚姻，成全了她的天才；李淸照的婚姻美好，只是後來離散而已，所以不如朱淑眞的刻骨銘心。文學豈僅是「苦悶的象徵」？實是悲劇的化身。

《新生報》八十四年五月十九日

向滈直與易安齊

在兩宋詞人中，向滈這個名字相當生僻，知者恐百不得一。他的名氣自然不能與大詞人歐陽修、蘇東坡、辛棄疾、陸放翁、李清照、朱淑眞相比。他的詞也只有四十三首，但他的小令短調極佳，而他的一首〈如夢令〉竟誤爲李清照的作品，張冠李戴久矣。正如歐陽修的〈生查子〉誤爲李清照或朱淑眞者亦多。但歐陽修是唐宋八大家之一，張冠李戴於他無損。向滈不然，他官卑職小，知其人者不多，知其詞者亦不多。他那首膾炙人口的〈如夢令〉卻變成李清照的作品，對向滈來說是不公平的。

向滈字豐之，曾官縣令，有《樂齋詞》四十三首。

向詞的淒美、婉約，可比易安、幽棲居士，亦可直追前賢六一居士。他的〈如夢令〉之所以誤爲李清照者，或亦與詞風有關。這首張冠李戴的〈如夢令〉是：

誰伴明窗獨坐？我共影兒兩個。燈盡欲眠時，影也把人拋躲。無那！無那！

好個悽惶的我！

這首詞變成李清照的作品時只有兩字之差，即「悽惶」易爲「淒涼」，以詞性的強度而言，「淒涼」二字自較「悽惶」沉重淒美。正如歐陽修的「月到柳梢頭」易爲「月上柳梢頭」，「淚滿春衫袖」易爲「淚濕春衫袖」一樣，這可能是後人動了手腳，但動的好。向滈用「悽惶」二字，可能是他當時的心情，更可以證明是他的作品，因爲他是男性，男性少用「淒涼」。惟有李清照、朱淑眞那種多愁善感的女性詞人多用「淒涼」二字。

向滈的另兩首〈如夢令〉亦佳，詞如下：

楊柳千絲萬縷，特地織成愁緒。休更唱陽關，便是渭成西路。歸去，歸去，

紅杏一腮春雨。

野店幾杯空酒，醉裡兩眉重皺。已自不成眠，那更酒醒時候！知否？知否？

直是爲他消瘦。

向滈的〈長相思〉二首亦極佳，詞如后：

桃花堤，柳花堤，芳草橋邊花滿溪，而今戎馬嘶。
千山西，萬山西，歸雁橫雲落日低。登樓望欲迷。

行相思，坐相思，兩處相思各自知，相思更爲誰？
朝相思，暮相思，一日相思十二時。相思無盡期。

向滈的另兩首〈菩薩蠻〉和〈蝶戀花〉、〈虞美人〉都是佳作，僅將〈蝶戀花〉和〈虞美人〉錄后：

蝶戀花

費盡東君無限巧，玉減香消，回首令人老。夢繞嶺頭歸未到，角聲吹斷江天曉。

燕來時春正好，寸寸柔腸，休問愁多少？從此歡心還草草，凭欄一任桃花笑。

虞美人

酒闌欹枕新涼夜，斷盡人腸也。西風吹起許多愁，不道沈腰潘鬢，不禁秋。

如今病也無人管，真個難消遣。東鄰一笑值千金，爭奈茂陵情分，在文君。

向滈的這些詞眞是百讀不厭。周邦彥的詞是名過其實，向滈則是實過其名多矣，眞有幸有不幸也，我爲向滈不平。

《新生報》八十四年五月二十四日

棒打鴛鴦看陸游

愛國詩人詞人陸游，字務觀，號放翁，山陰（今浙江紹興）人，宣和七年（西元一一二五年）生，以蔭補登仕郎，歷樞密院編修官；紹興三十二年（西元一一六二年）賜進士出身，爲州別駕。范成大帥蜀時，爲參議官；喜泰初，詔修國史，升寶章閣待制；嘉定二年（西元一二〇九年）卒，年八十五，有《渭南詞》一四七首。

陸放翁是著名的愛國詩人詞人，他的「王師北定中原日，家祭毋忘告乃翁」。爲人熟知傳誦，他也是宋朝詩人詞人享年最高的一位，但是他平生有兩大不幸亦令人同情，即是他的元配唐婉與他情感甚篤，又才情相當，卻不見容其母，强迫離異，改適趙士程，怏怏而卒，遺有〈釵頭鳳〉一詞，讀之令人酸鼻，誠曠古之悲劇也。

唐婉的〈釵頭鳳〉如后：

世情薄，人情惡，雨送黃昏花易落；曉風乾，淚痕殘，欲箋心事，獨語斜闌，難！難！難！ 人成各，今非昨，病魂常似秋千索；角聲寒，夜闌珊，怕人尋問，咽淚裝歡，瞞！瞞！瞞！

這闋詞顯然是因棒打鴛鴦而寫的，可以想見唐婉寫時的一字一淚，「人成各，今非昨，病魂常似秋千索。」以及「難！難！難！」「瞞！瞞！瞞！」比「欲語還休」更痛苦百倍。

陸游看了這闋詞，自然和了一闋，詞如后：

紅酥手，黃藤酒，滿城春色宮牆柳；東風惡，歡情薄，一懷愁緒，幾年離索，錯！錯！錯！ 春如夢，人空瘦，淚痕紅浥鮫綃透；桃花落，閒池閣，山盟雖在，錦書難託，莫！莫！莫！

一對恩愛夫妻，才情如許，卻被活生生的拆散，真是情何以堪？「錯！錯！錯」「莫！莫！莫！」連寫封信都無人可託，這種兩地相思，被隔絕的痛苦，非當事人難以體會，難怪唐婉會「怏怏而卒」。

陸游、唐婉除〈釵頭鳳〉賺人眼淚，令人嘆息外，陸游的好詞還不少，且引三闋如后：

長相思

面蒼然，鬢皤然，滿腹詩書不值錢，官閒常晝眠。

畫凌煙，上甘泉，自古功名屬少年，心知惟杜鵑。

訴衷情

當年萬里覓封侯，匹馬戍梁州；關河夢斷何處？塵暗舊貂裘。

胡未滅，鬢先秋，淚空流，此生誰料？心在天山，身老滄洲。

一落索

識破浮生虛妄，從人譏謗，此身恰似弄潮兒，曾過了，千層浪。

且喜歸來無恙，一壺春釀，雨蓑煙笠傍漁磯，應不是，封侯相。

陸游還納了一位才情甚佳的妾某氏，不幸只有半年多便被夫人逐去，陸游在感情上可以說受了雙重打擊，其妾曾有〈生查子〉一闋，堪與陸游、唐婉的〈釵頭鳳〉媲美，詞如后：

生查子

只知愁上眉，不識愁來路；窗外有芭蕉，陣陣黃昏雨。

逗曉理殘妝，整頓教愁去；不合畫春山，依舊留連住。

《新生報》八十四年五月二十一日

為他腸斷白蘋洲

故鄉九江，古稱江州，亦稱潯陽，襟江（長江）帶湖（鄱陽湖），坐擁天下名山廬山。城內亦有甘棠湖、南門湖，山水之勝，世所少有。潯陽樓亦與岳陽樓、黃鶴樓、滕王閣，並稱江南四大名樓。琵琶亭、煙水亭更獨具特色。施耐庵的《水滸傳》三十七回、三十八回、三十九回的故事地點都在江州，故事也寫得十分熱鬧。三十七回寫「黑旋風鬥浪裡白條」，十分精彩。黑旋風是李逵的綽號，手持板斧，在陸上是一員猛將，功夫也十分了得。可是他遇上了我們江州靠水吃水的賣魚人「浪裡白條」——我的本家張順，卻使黑旋風吃足了苦頭！我們且看施耐庵如何寫法：

「……宋江、戴宗，在岸邊看時，只見江面開處，那人（張順）把李逵提將起來，又淹將下去；兩個正在江心裡面，清波碧浪中間，一個混身黑肉，一個露遍體霜膚……看見李逵被那人在水裡揪住，浸得眼白，又提起來，又納下去……」李逵就這樣被浪裡白條整得七葷八素。

三十八回宋江在潯陽樓喝酒，一時感慨叢生，在粉壁牆上題了一首〈西江月〉詞：

自幼曾攻經史，長成亦有權謀。恰如猛虎臥荒邱，潛伏爪牙忍受。
不幸刺文雙頰，那堪配在江州！晚年若得報冤讎，血染潯陽江口！

宋江興猶未盡，又在〈西江月〉詞後面寫了一首七絕：

心在山東身在吳，飄蓬江海漫嗟吁。
他時若遂凌雲志，敢笑黃巢不丈夫！

我返鄉探親時，還在潯陽樓牆壁上讀到這一詞一詩，是不是眞迹？當時沒有時間考證。但他這一詞一詩，卻把自己送上了法場。因爲江州知府蔡九，正是太師蔡京的兒子，因此又有三十九回的「梁山好漢劫法場」了。

撇下《水滸傳》不談，唐朝大詩人李白曾隱居廬山，因與永王事件有關，也在潯陽下獄，而後流放夜郎，最後貧病死於當塗令李陽冰家中。他生前在廬山寫了不少好詩，但以〈望廬山瀑布〉二首之二最爲膾炙人口。

日照香爐生紫煙，遙看瀑布掛前川。
飛流直下三千尺，疑是銀河落九天。

蘇東坡也有一首寫廬山的名詩：「橫看成嶺側成峯，遠近高低各不同。……」白居易的〈琵琶行〉更是千古絕唱，簡直是一篇最好的短篇小說。

鄉賢陶淵明是士人盡知的大詩人，但是後世無以爲繼，我在《全唐詩》中就找不到一位江州詩人。在《全唐宋詞》中倒是找到了一位王寀。他曾官至翰林學士、兵部侍郎，卻不幸爲林靈素所陷、棄市，有詞十二首，以〈浣溪紗〉、〈蝶戀花〉兩闋最佳。唐宋詩人、詞人棄市者他是第一人，因此我亦以〈浣溪紗〉哀他。

樂天淪落在江州，一曲琵琶萬古流。青衫濕盡荻花秋。
王寀詩詞人未識，後生如我亦無求。爲他腸斷白蘋州。

《新生報》八十四年三月二十六日

一人獨釣一江秋

今年四月十三日，中壢平鎮黃得水老先生來信，將他所知的七絕二首出處告知，一爲清朝女詩人何佩玉的一字詩：

一花一柳一魚磯，一抹斜陽一鳥飛；
一山一水中一寺，一林黃葉一僧歸。

黃老先生大概是看了四月十三日的拙作〈無名大作盡高才〉而寫了這張明信片的。我在那篇拙作中就引用這首一字詩，但我也想不起來是誰寫的，承黃老先生告知是清朝女詩人何佩玉的傑作，這首詩確實太好，今天的女作家、女詩人沒有一位能寫得出來，這才是精緻文化，當然更不是外國詩人能寫得出來的！我們何必盲目崇洋？何必「抱著金飯碗討飯」呢？我們的歷代祖先留給我們的文化遺產實在太多了，我們為什麼要作不肖子孫，不好好繼承接受呢？

黃老先生眞是有心人，我很感謝他的盛情美意，今天我們的中國文學博士、外國文學博士何止萬千？有誰能寫出這種詩來呢？以今天的文學水準而論，何佩玉拿十個文學博士也不為多！文學博士不是「二手貨」，不能靠編教材，「引經據典」搞理論的，文學博士必須是第一流的作家、詩人，沒有前代詩人、作家的創作，今天很多學者、教授可能失業，沒有原作者，哪有二手貨的學者專家？哪有什麼「紅學家」？如黃得水老先生，不但是有心人，我想他本身的學養也會超過許多青年文學博士的，我除了感謝黃老先生外，更希望黃老先生和其他有心人士提供更多名不見經傳者的好詩好詞給我，以後我也可能寫一本《歷代、當代詩詞尋幽探微》來。

保存發揚中國文化一個人的力量是不夠的，也不是政府每年編幾億預算可以辦到的，必須靠「行家」和有心人多多努力，錢才有用處，外行有錢也不會用。

黃老先生同時還抄了一首〈寒江獨釣圖〉詩給我，他說是「約於前年秋由某報錄下，惜未記引用作家姓名」。他只註明「清神韻派詩人」，詩如下：

一簑一笠一扁舟，一丈鈎綸一寸鈎。
一曲高歌一樽酒，一人獨釣一江秋。

這也是一首好詩，我不知道這首詩的作者與何佩玉的出生年次，誰先誰後？但很顯然他是受了何佩玉的影響，而最後「一人獨釣一江秋」，更是絕妙好句，但這一好句又顯然是受了柳宗元五言絕句〈江雪〉的影響，柳詩如下：

千山鳥飛絕，萬徑人蹤滅；孤舟簑立翁，獨釣寒江雪。

不但是最後一句，他整首詩在形式結構上是受了何佩玉的影響（不然就是何佩玉受他的影響），在主題創意上則是完全受了柳宗元的影響，這首詩雖然也算得上是好詩，但較何佩玉的「一林黃葉一僧歸」的創新，卻不免遜色，「一林黃葉一僧歸」還富有禪意，「一山一水中一寺」，也是新境，不止景也。

無論詩詞或小說創作，重的是「境界」，從境界上的高低才能分出作品的高低，而作品的高低又在於作者人生境界的高低，詩詞的境界一眼便可看出，小說的境界則不是一眼可以看出來的，必須讀者有很高的思想境界，不然曹雪芹便不可貴了。

墨人校注：本文刊出後，據國父紀念館韓廷一先生賜告：「一簑一笠一扁舟」詩，為清名士王士禎所作。

《新生報》八十四年四月二十八日

薄命才女—蕭紅

一九九三年十月二十四日，我和「秋水」詩刊社同仁，在瀋陽、長春、朝陽、哈爾濱的詩人們、詩刊主編們的陪同下，參觀了呼蘭縣女作家蕭紅的故居。我們到的時候飄了幾陣雪花，我放在臺灣家中衣櫥裡二十多年未穿的呢大衣正好穿上，還戴上了皮手套。

臺灣五十歲以下的讀者，大概很少人知道蕭紅這位女作家，一是呼蘭縣和臺灣正是地北天南，相距幾千里，呼蘭縣又是一個小縣，二是她只活了三十一歲（西元一九一一年～一九四二年），因肺病死於香港，作品並不多，全部加起來不到一百萬字。

蕭紅是三十年代的左翼作家，她和我同姓，原名張秀環，後改名為張乃瑩，她的筆名有五個，即蕭紅、悄吟、田娣、玲玲，其中以蕭紅最為大陸讀者熟知，她生於一九一一年六月一日，即辛亥年五月初五端午節那天，死於一九四二年一月二十二日，即壬午年、癸丑月、庚辰日。根據她出生的年、月、日推算，前三柱是：

辛亥

癸巳

壬寅

大運是：甲午、乙未、丙申、丁酉，兩歲起運。

這個命造不看時柱也可以判斷，她的家庭背景出身不錯，人也聰明而有文才，並且生得漂亮；不幸的是她不能得到家庭的庇蔭，更無福享受，原因是月柱很壞，天透劫財，地支又坐亡神絕地，巳亥相沖，雖有貴人，但是禍不是福，所以她兩次婚姻都很不幸，蕭軍、端木蕻良都是東北作家，但是對她不好，我在東北時就聽到一些流言，可以說是「遇人不淑」，加上寅巳又刑，雖身坐文昌，但孤病不吉；可以說是受盡感情和生活的煎熬，精神肉體兩受摧殘，不死何待？她之所以能在不到十年的時間，寫出將近一百萬字的作品，而且早年成名，這和她身坐文昌、年透正印，又有天乙貴人相助有絕對的關係。她的第一部中篇小說《生死場》就是她逃到上海時，由魯迅替她作序並幫助出版的（西元一九三五年），因此一舉成名。她的長篇小說有兩部：一是《呼蘭河傳》，一是《馬伯樂》。《呼蘭河傳》在臺北似乎翻印出版過，其他的短篇小說、散文、詩，知者不多，本來我在她的紀念館買了她幾本書，託人代我寄回臺北，結果卻石沉大海。

蕭紅故居始建於光緒三十四年（西元一九〇八年），占地面積七千一百二十五平方米，共有房舍三十間，分東西兩大院，還有近二千平方米的後花園，東北土地雖大，但這也算是很不錯的家園了。一九八五年，[redacted]呼蘭縣委，人民政府收回了蕭紅出生的五間正房，近八百平方米的院落，由呼蘭縣蕭紅研究會負責考證集資復修，於當年七月破土動工，第二年（西元一九八六年）五月完工，端午節那天，蕭紅七十歲冥誕剪綵開放，開放兩年多就接待了中外遊客八萬多人，有十三個國家、地區，近兩百位專家、學者、友人參觀訪問，一九八六年就定爲省級文物保護單位。

臺灣作家不論是活的死的比蕭紅作品多，成就大的不少，誰關心他們的死活？錢淹腳目又有什麼意義？

《新生報》八十四年四月十六日（一九九五）

傾囊報國蘇雪林

中國當代作家中最高壽者，在大陸有謝冰心，她今年九十六歲，其次是汪靜之，他今年九十三歲，第三是巴金和臧克家，今年都是九十一歲，九十以下的不算。在臺灣最高壽的作家則是蘇雪林，今年一百歲，蘇先生（女士而有大成就者，被稱先生）生於民國前十五年三月二十四日，一百歲是依中國人的習俗計算，但她卻在陽曆三月二十四日，過一百歲生日，也許是因爲陰曆和陽曆每年生日換算不便的關係。大陸那幾位老前輩，我也是以陰曆計算他們的年齡，我認爲以中國陰曆計算年齡最科學，因爲生命不是呱呱墜地才開始的，出生時不論是懷胎十月，或九個月、八個月，已經發育成人，一落地就算一歲，比西洋人落地後滿一年才算一歲顯然要科學得多。

我和蘇老前輩不僅是一面之緣，四十年前她住左營親戚家中，我看過她多次，我遷來臺北後她也寫過信鼓勵我，她在師大教書時我也去看過她，並因而和孫多慈教授見過一面，只是我不愛交遊，不願攀龍附鳳，更不喜歡湊熱鬧，我一向是「黑處作揖」。我記得蘇先生在武漢大學教書時曾將全部積蓄首飾捐獻政府購買飛機，這件事似乎沒有人提到，事隔五十多年，我不但記得很清楚，而且也寫進了《紅塵》中，她這種不沽名釣譽的義行，正足以說明她抗日愛國的赤忱，那時我不過是一名在武漢投筆從戎，以身許國的十八、九歲青年，當時沒有想到我能活到現在，更沒有想到又能在臺灣看到蘇先生百歲高齡還身體健康，頭腦清楚，還能繼續寫作。古語說：「仁者壽」。蘇先生不但是一位仁者，而且是一位極有個性，是是非非皆堅守原則的人，又是一位虔誠的天主教徒，但她不把「主」掛在嘴上，正如她從不講她在抗戰時期捐獻全部積蓄的事一樣，這種作家、學人的風範，今天已難在他人身上尋得。

《新生報》八十四年四月十日（一九九五）

與爾同銷萬古愁

「作家」自殺面面觀

報載臺大中文系畢業，現年三十九歲的黃家源先生曾經出版過《最後約會在冬季》、《一杯半咖啡》等長篇小說，自認寫作能力相當不錯，但多次向報刊投稿都被退稿，因而感到十分鬱悶，曾兩度尋短見都未如願，而以鐵槌連續破壞臺北市安居街巷內六輛汽車擋風玻璃時，被憤怒的車主及居民圍毆，警方趕到時黃某已遍體鱗傷，但他想要讓車主「打死」，卻未能如願。

黃某之所以出此下策，是因爲以前有數次自殺失敗的經驗，他看了《完全自殺手册》後，突然認爲可以藉由激怒車主，讓車主「主動」攻擊他，來完成他自殺的願望，這實在是「荒謬的自殺」！

一是黃某是臺大中文系畢業的，臺灣各大學中文系的課並不是純文學的，而是文史哲都有一點，臺大中文系課程內容如何？不得而知，別的大學中文系，還有一點《易經》

和老莊課程，不論任課的教授是否眞懂《易經》，或完全瞭解老莊思想？即使是望文生義的講講，也應該不太離譜，黃某如果不是「混」畢業的，而聽過教授幾堂這種課程，應該瞭解一點人生的意義和較高層次的人生境界，何必取法乎下，看日本人寫的《完全自殺手册》學習自殺？單以中文系文學課程來講，也應該明白一點做人的道理！如果他唸好了文學課程，也不至於寫什麼《最後約會在冬季》、《一杯半咖啡》，不論小說的內容如何？單看書名，就不應該是一位中文系畢業生所取的，現在中文系畢業生的水準也應該不會取這種毫無中國文學意味、中國文學涵養的書名。這是美國的「流行文化」的傳染病毒造成臺灣文化的低級趣味，普通五專學生最易感染，所謂「流行歌曲」、「校園歌曲」的歌詞就犯了這個通病，而黃某已經三十九歲，又自認寫作能力相當不錯，只能取出這類的書名，那未免太糟蹋中文系了！

二是退稿就自殺，也未免太不明白寫作的意義和做人的道理，也太不瞭解報紙副刊的行情了。

世界上任何作家，包括諾貝爾文學獎得主的作家在內，可以說沒有一位未被退過稿的。英國的蕭伯納未成名前稿子賣不出去，而且被編輯糟蹋得很厲害，但他有信心，等到名成利就之後，諾貝爾文學獎金送給他他也不要。要想做一位作家，第一個條件就是要弄清楚自己是不是這塊料？先要知己，如果認爲自己該走這條路，那就要有百折不撓的信心，要經得起任何打擊、挫折，如果經不起挫折，最好提前改行，文學這條路是比任何道路都難走的，尤其是在中國。像我這種年齡的人，經過了長期意識形態框框的約束，也經過文學商業化的猛烈衝擊，我們是在政治、商業的夾縫中逼得透不過氣來，所以老作家十之八九早停筆了，年輕的作家在文學商業化中隨波逐流，黃某取那種書名也是趕流行文化，搶搭商業文學巴士，在政治和商業兩道窄門中，要寫出眞正的文學作品不是那麼容易的事，必須要有「生死以之」的精神不可。

三是編者作者的互動。有高深的文學修養、高尚品德的報紙副刊編輯，才有高水準的作者，高水準的文學作品出現，反之則否。二十年前的某報副刊，認稿不認人，那時的作者也以在那家報紙副刊發表作品爲榮，讀者訂那份報紙也是爲了看副刊，絕不是看新聞和評論，副刊代表了那份報紙的報格，這是大家公認的事。我是不抽煙、不打牌、也不和主編喝咖啡，我的稿子卻照登，而且出現頻率相當高，不信讀者可以查查二、三十年前的舊報。此外編者的公正、公平也十分重要，一有小圈圈，只會江河日下。希望黃家源先生這次的「見報」，與此無關，否則那會扼殺更多的文學生命。

《新生報》八十四年六月二十三日

杜爾一番真心話

美國是一個只有兩百來年歷史的國家，以個人來講是老邁了；以國家來講則太年輕；以歷史的長河來講，那是微不足道。如果在西安鄰近縣市隨便撿一塊秦磚漢瓦，就夠美國人張口結舌。現在的美國人自以爲是世界超强，不要說自秦漢以來這兩千多年，中國還是屹立不搖，而且「二十一世紀是中國人的世紀」這一句話已經開始應驗。兩千年以後的美國很可能只是一個歷史名詞、地理名詞。以我個人的淺見，美國絕不可能像中國撐這麼久，能撐一兩百年就不錯了，原因很簡單，美國沒有中國、印度這樣可大可久的文化，沒有伏羲、黃帝、老子、孔子，沒有釋迦牟尼佛，美國純粹是一個移民國家，而且英國淸敎徒的那點宗敎道德傳統早已蕩然無存，其他西方國家移民文化背景不一，很難形成一個美國文化傳統，民族觀念；而最糟的是當初自非洲販賣而來的那批黑奴的後代，人口日益膨脹，有後來居上之勢，無論在種族上、文化上，可能形成一種劣幣驅逐良幣的反淘汰效應，一旦白人的優越感失控時，來一次全國性的種族大衝突，不是不可能的。

美國中情局一向愛在別的國家製造種族衝突、製造分裂，日後可能自食惡果，一旦這種事情發生，那必然分崩離析，全國大亂。何況美國與中東回教國家已經結下深仇大恨，國內黑奴的後代總有翻身的一天，其他吃過美國苦頭的國家，必將乘機報復，老子說「福兮禍所倚」，現在的美國已經到了這個臨界點，而又道德敗壞，不知惜福，還在處處干預別國的內政，敗壞別國的傳統文化，又搞顛覆活動，有因必有果，一旦時辰一到，其後果將不堪設想。前些年洛杉磯的暴動，不久前的奧克拉荷馬聯邦大廈的爆炸事件，只是個小小的縮影而已，其內部文化方面的腐蝕敗壞，更是隱形殺手，定時炸彈。

最近美國參院共和黨領袖杜爾，爲了爭取共和黨支持他問鼎白宮，在洛杉磯發表措辭犀利的演說，痛批好萊塢以性暴力的電影、電視節目、大量製造「墮落夢魘」，他說：「我們的流行文化已發展到威脅我國國格的地步。」

杜爾這句話可以說「一語中的」。美國的「流行文化」，不僅威脅到美國的國格，也破壞了別的國家的優良傳統文化，美國那種粗鄙下流的「流行文化」，挾其媒體的優勢和國力，大量輸出，臺灣就是受害最嚴重的地方；現在又向大陸輸出那種粗鄙下流的

「流行文化」。卅幾年前我初到歐洲時，發現義大利人、法國人，對那種背著背包，披頭散髮，男不男，女不女，坐無坐相，站無站相，吃無吃相的美國青年，多嗤之以鼻。他們雖然都是白種人，但從他們的言行舉止，很容易分別出哪是美國人，甚至在北歐的哥本哈根也一眼可以看出誰是美國人，因爲他們有他們的「流行文化」。

杜爾到底不失爲是美國當代較有品味的政客，他指控美國的娛樂界「利字當頭時，不惜犧牲美國的下一代，向他們大學推銷邪惡的意象」。他說：「當好萊塢以性暴力爲號召，將青少年自殺視爲賣點，又當造夢工廠淪爲墮落夢魘時，好萊塢不只是脫離了品味，還跨越了人性尊嚴的界限。」杜爾能說出這些話，表示他是美國當今政客中知識、品質最可取的一位。但選舉是數人頭的事，以美國的「流行文化」，美國的「選舉文化」而論，他將來未必能進入白宮?這也是美國日趨墮落的後果，美國的悲哀。以美國的「流行文化」來看，今後美國更不可能出現一位大思想家、大政治家，美國想領導世界，不三不四的小政客是無濟於事的。

我是最瞧不起美國「流行文化」的人，我有三十多年不看美國電影，那些令人作三日嘔的傷風敗俗的男女「名歌星」，用「下流」兩個字形容他們還是恭維呢！

《新生報》八十四年六月十四日

悔不當初事已遲

美國前國防部長麥納瑪拉因為一本回憶錄《回顧——越戰的悲劇與教訓》，而引起風波，《紐約時報》在社論中說：「無法逃避國人對他予以道德上的譴責。」

美國聯邦參議員馬侃在《夜線》節目中也批評麥納瑪拉說：「如果他早在一九六六年或一九六七年就說實話，也許很多人今天還活著。」而「美國越戰退伍軍人協會」前會長麥高文則說：「麥納瑪拉應該把每一分血腥錢都捐出來。」

越戰時還是大學生，現在則已當上總統的柯林頓則表示，當年他反對越戰的行為是對的。麥納瑪拉這本回憶錄對他自己是不利的，而唯一的受益者很可能是柯林頓總統了，因為他剛宣布競選連任，上次競選總統時他受到反對越戰逃避兵役的攻擊，下次競選絕不會有人敢舊事重提，如果有人重提的話，他正好加強宣傳那是他的「先見之明」，可以保送他上壘。當今美國政壇沒有政治家，全是政客。政治家重政治理想，政客重眼前利益；如果兩者發生衝突的話，政客會犧牲理想，顧全現實利益；政治家則相反，此文天祥寧可殺頭，也不接受高官厚祿而認賊作父也。淺薄幼稚的美國文化，絕不可能出現文天祥，他們在戰場上的原則是：「打不贏就跑，跑不掉就投降。」絕對沒有中國軍人「不成功便成仁」的信念。

麥納瑪拉比美國政客好一點的是：在行將就木之年，能活著承認錯誤，但沒有在一九六六年、一九六七年他在位時，或一九六八年他辭職時承認錯誤，因此他和政客也只是五十步與百步而已，但他終於能說出：「我們錯了，徹底的錯了！」對於美國後代子孫還是有益無害的，還算是一個有良心的政客。

爲什麼會發生錯誤？他說：「我們相信，由於我們西方國家未能及早因應希特勒的威脅，造成數百萬生靈戰死沙場。」因此，在韓戰失敗之後，再打越戰，這是一錯再錯；而根本的錯誤，則是把東方看成西方，把中國人、朝鮮人、越南人看成德國人、俄國人，這是「文盲」！「色盲」！用西方的功利主義思想、霸道思想，來和物質落後，精神文明卻遠遠領先西方的王道思想相提並論，再加上民族的韌性和彈性，美國人怎麼不在韓戰和越戰中灰頭土臉？怎麼不從世界唯一強權的高峯，一下子墜落到和物質文明落後一百多年的東方中國、北韓、越南平起平坐，甚且要向中國一再低頭，在外交、經貿戰場上也一再吃敗仗，前倨後恭，這不是美國武力不如中國，經濟不如中國，而是文化落差太大了！以兩百多年的美國文化，和五千年的中國文化來比，那是看不見的巨人和小孩角力。第一代的毛、周，是既繼承了中國文化，又學會了西方的馬列，對付西方可以正反兩手策略，應付裕如，以弱擊強，以小博大，韓戰、越戰，是最好的印證，香港、澳門的外交戰，亦復如此。

麥納瑪拉說：「美國當年的決策者不瞭解越南人民、文化、政治和民族主義的力量，他們也高估越南在全球對抗共產勢力的鬥爭中所居的重要性。」他這話只說對了前一半，他忘了他們背後的中國！韓戰、越戰都是代理人的戰爭，美國在這兩場代理人的戰爭中輸得很慘，只會一天天走下坡，到二〇〇〇年後，在國際舞臺上只能當配角了。

像美國這樣沒有一位大政治家、大思想家，日後想翻身是很不容易的，當年季辛吉搞合縱連橫外交，我就好笑，我在民國六十五年二月一日發表於《中華日報．副刊》的新詩〈歷史的會晤〉中就寫明了，讀者不妨查證，何況美國現在連季辛吉這種角色都找不到了！

《新生報》八十四年（一九九五）四月二十日

萬里神州血染沙

據香港《廣角鏡》雜誌報導，南京的「侵華日軍南京大屠殺遇難同胞紀念館」，十年前開始籌建，一九八五年八月十五日正式開放，館址在江東門，這是當年日軍在南京慘殺我三十五萬同胞的二十八處屠殺地點之一，該館正向臺灣的專家學者徵求關於南京大屠殺的研究成果。

時間過得很快，今年是抗戰勝利五十周年，這五十年是我親身經歷的慘痛歷史，我有很多次應死而未死。勝利後南京大審判，其中協助南京屠殺的戰犯谷壽夫和漢奸周佛海受審時我都親自出席旁聽，那時我在國防軍聞社總社工作，我不是外勤記者，我是主編新聞的譯述，但我自動去參觀旁聽了這場大審，而且還趕寫了一篇幾千字的專題報導文章，在武漢《和平日報》（原《掃蕩報》改名）發表，可惜多次逃難，這篇文章自然也沒有留住，如果我的記憶未錯，審判長應是趙琛，軍法官應是石美瑜，周佛海穿灰長衫應審，態度從容，口齒流利，認爲他不但無過，而且有功，因爲他照顧了淪陷區的老百姓，並暗中掩護了軍統局的工作人員；谷壽夫則是矮墩墩的典型日本軍閥，一身黃泥軍服，光頭，態度相當恭順，這是日本人慣有的兩副面孔。

日軍於一九三七年十二月十三日從光華門進城後，便屠殺我未及撤退的官兵和南京老百姓的情形，以及向井敏明少尉和野田毅少尉比賽「百人斬」的慘劇，日軍燒殺姦淫的事實，我都根據蒐集的資料詳細寫進了《紅塵》下卷六十六章中，那兩名劊子手我都用的是眞姓名，以利存眞，不論日本人怎樣否認侵略，他們沒有逃過我的春秋之筆，逃不出我的《紅塵》，《紅塵》像千層網，上、中、下三卷都和日本人有關，前後脈絡相連，豈止六十六章而已，（野人山的幾千枯骨忠魂，就有很多是我的同學，現在還幸存的一位是和我接觸較多的陳洪鋼兄，我們都是七十以上的老人了。）我在《紅塵》下卷七十九章一四三九頁，借書中主角龍天行的手寫了兩首描寫抗戰勝利當天景況的七律紀事：

其一

八年苦戰走龍蛇，萬里神州血染沙。
玄武湖邊羣鬼哭，野人山內遍哀笳；

衡陽雁過都流淚，湘水魚沉只爲义。
夜雨嘉陵長戚戚，招魂腸斷在天涯。

其二

廣島長崎落日斜，電光火石斬秋蛇。
櫻花妖豔如虹彩，武士天驕似井蛙；
耿耿先生長寂寞，幽幽淑女淨無瑕。
巴山夜語人無語，望盡天涯第一花。

《新生報》八十四年四月三日
（一九九五）

十目所視十手指

據路透社報導，世界近六十個國家的領袖，包括美國副總統高爾、法國總統密特朗、德國總理柯爾、加拿大總理克瑞強、俄羅斯總理柴諾米丁、克羅埃西亞總統杜子曼和波士尼亞總統伊茲貝戈維奇，也暫時將國內的戰火放在一旁，趕到倫敦出席五月六日歐戰勝利五十周年紀念，不論是勝利者或失敗者，除了日本之外，都來參加這一有歷史意義的盛會。

日本爲什麼沒有參加？因爲沒有被邀請，爲什麼不被邀請？

「因爲日本尚未對戰爭的罪惡表示悔悟，而且也沒有對戰俘和『慰安婦』賠償。」

這個不邀請日本與會的理由是十分明確的，也是舉世一致的譴責，連克羅埃西亞和波士尼亞在內戰中打得你死我活的雙方領導人都摒除己見，一致出席，可見公道自在人心。

二次大戰已經結束五十年，日本對戰爭的罪惡還不悔悟，還不賠償，日本是最先發動侵略中國戰爭的。最近日本首相村山富市去大陸訪問，也只表示「深刻反省」，而無任何實質的悔悟，日本如此惡劣的居心和行徑已令全世界不恥。

這五十年來，只有區域戰爭，沒有世界大戰，日本人所做的唯一大事，就是拚命賺錢，不擇手段地賺錢，本身發動侵略戰爭的責任都詭辯推卸，文過飾非，五十年來從未反省，村山在大陸所說的「深刻反省」，不過是敷衍塞責而已，日本人或許以爲人是健忘的動物，再過五十年，我們這一代深受日本禍害的人都死光了，誰還記得日本侵略中國及亞洲各國這回事來？其實並不盡然，今天的時代並不是茹毛飲血的時代，不但有文字，而且有電腦，歷史是抹煞不掉的，而且是無情的，日本人豈能一手遮天？既然不可能，日本人最好革面洗心，正視歷史，勇敢地面對歷史，如果執迷不悟，其後果是很難想像的。

以日本的地理位置來講，絕非亞洲的中心，而是亞洲的邊緣地區，尤其是中國的外圍；以其土地面積之小，而且很容易切斷，地下資源又不豐富，如果安分守己，敦親睦鄰，還可以「共存共榮」下去，如果還存有軍國主義思想，還想巧取豪奪，必然惹禍上身。二次大戰結束後，它僥倖逃過了亡國的命運，如果再有大戰，它就很難逃過大劫，英國曾經是日不落帝國，兩次大戰下來，昔日的光輝已經褪盡，處處捉襟見肘，何況英國兩次都是戰勝者，尚且落得如此下場。再則歐洲又沒有中國這樣的大國，英國也不像日本同時與韓國、中國結下深仇大恨，還有血濃於水的美國撐腰，它的處境比日本好多了，日本是眞正孤立的三島，由於多行不義，現在更形孤立。英國原先想藉美國撐腰，在九七前在香港動點手腳，結果自討沒趣，但英國人畢竟比日本人老謀深算，會自下臺階。英國貿易工商大臣赫索泰，終於五月十二日率領由一百多家公司組成的有史以來派往海外規模最大的貿易訪問團由倫敦直飛北京訪問。形勢比人强，一葉落而知秋，日本已是十目所視，十手所指，再不悔悟，必然自食其果。要想別國再「以德報怨」，是不可能的。日後韓國一旦統一，對日本也絕不會手軟。

《新生報》八十四年五月十四日

蘆溝橋上看村山

日本首相村山富市，在第二次世界大戰後五十周年的歷史時刻，訪問中國大陸，而且親自踏上日軍正式侵略中國時開了第一槍的蘆溝橋，其象徵懺悔的意義相當大，但實質懺悔的行動意義卻相當小，這不是村山個人的問題，而是與村山聯合執政的自民黨內還有不少軍國主義者的餘孽。本來村山是希望在他赴中國大陸訪問前，日本國會能通過俗稱「謝罪書」的「不戰決議」，但是國會並沒有通過，日本人的不肯認錯，不負戰爭責任的心理昭然若揭，與德國人的勇於認錯，坦然承認戰爭責任的心胸，恰好形成對比，日本人的小心眼、小聰明，處處暴露其島國小民的偏狹、狡詐的民族性，也充分表現出日本人沒有大出息，由日本人從來沒有出現過一位大思想家、大政治家來看，可作定論。

小心眼、小聰明，很容易被人識破，連美國那樣「少不更事」的國家，柯林頓那樣不夠成熟的總統，都識破了日本人的伎倆。柯林頓曾經說出這樣的話：「當日本人說是的時候，是可能；說可能的時候，是不是。」西方人甚至以「竹子外交」（bamboo diplomacy）稱之，竹子的特性是隨風搖擺，左右逢源，這也有投機取巧，「西瓜靠大邊」的意思，但是當壓力太大，或大小不成比例時，那就只好任人擺布，永遠不能成為中流砥柱，擎天巨石。

明治維新以後，日本人擷取了西方的霸道思想，也想成為東方的大帝國，一如日不落帝國英國一樣，所以發動了瘋狂的侵略中國和亞洲的戰爭，但不過短短八年，帝國美夢就被兩顆原子彈結束了，這真是人心不足蛇吞象的嚴重後果。如果不是當年我們的食古不化的「以德報怨」的個人主義，和美國人參加韓戰、越戰的英雄主義思想造成的錯誤，日本人也不可能在經濟方面坐大，躋身為經濟大國。幸好，中國這隻睡獅醒了，日本人跳梁的機會是愈來愈少，連美國也好日子不多，這原因還是出在民族智慧方面。

老子說：「大智若愚，大巧若拙。」惟其有大智，所以不易被人看破；惟其有大巧，所以看來很笨。「寧要核子，不要褲子」，所以今天有了核子，也有了褲子；有了核子，所以褲子愈穿愈漂亮，核子可以備而不用，但這支大籌碼誰也搬不動。以前將廣土眾民視為累贅，今天卻成了活寶，這就是會運用智慧；不會運用，抱著金飯碗還是討飯。如果會運用智慧，即使像新加坡那樣的彈丸之地，那樣的小國寡民，完全中國血統的李光耀，在短短的二、三十年之間，不但使新加坡成為亞洲四小龍之一，而且成為在世界上舉足輕重的國家。美國人犯了罪，照樣用新加坡法律鞭笞，也就是打屁股，柯林頓親自出面，新加坡照打不誤，只是少打兩下而已；菲籍女傭殺人，照樣用新加坡法律絞死，菲律賓動作再多，又豈奈新加坡何？新加坡憑的是什麼？就是憑的大智慧，絕不是小聰明，絕不是竹子外交。

《新生報》八十四年五月八日

日本玩弄天下人

據法新社五月二十三日東京報導：為東京在二次世界大戰中的侵略行為辯護的日本右翼陣營，干冒進一步破壞日本在亞洲形象的危險，計畫自行舉辦終戰五十周年紀念活動，大約有六十名朝野政黨國會議員，將不顧亞洲國家的反對，定於五月二十九日（星期二）舉行這項活動。

我在五月十四日發表的〈十目所視十手指〉的拙作中，根據路透社的報導，世界有將近六十個國家的領袖趕到倫敦出席五月六日的歐戰勝利五十周年紀念，除了「因為日本尚未對戰爭的罪惡表示悔悟，而且也未對戰俘和慰安婦賠償」，而未邀請日本參加之外，其他國家不論是勝利者和失敗者，都去參加那一歷史盛會。很明顯的，日本早已被世界各國公認是二次大戰的侵略者，五十年來日本人不但不反省，其軍國主義者的餘孽——六十多位朝野政黨國會議員，還要變本加厲地公開否認侵略，執政的自民黨大老奧野誠亮還聲稱：「日本當年的行爲是自衛，而非侵略。」奧野說這種話簡直是喪心病狂！

日本人占領朝鮮五十年是自衛嗎？占領臺灣五十一年是自衛嗎？占領我國東三省是自衛嗎？發動「七七」侵華戰爭是自衛嗎？侵略菲律賓、印尼、新加坡、馬來西亞、泰國、緬甸、越南是自衛嗎？偷襲珍珠港是自衛嗎？以上有哪一個國家先派了軍隊進攻日本呢？而完全是日本派軍隊侵略這些國家的領土主權，單是中國僅從民國二十六年七月七日算起就被日軍侵略了八年，我的青春就完全斷送在日本人手裡，中國人的生命財產損失難以估計，我親眼見過血肉橫飛，全家數口死於日機濫炸之下，我在《紅塵》中寫的日本人加於我們中國人的戰爭苦難沒有一點不實。八國聯軍首先進入北京的也是日軍，我能活到現在是老天見憐，如果今天我們再和日本人發生戰爭，我雖已耄耋之年，我會毫不考慮地和那些喪心病狂的日本軍國主義者的餘孽——阿修羅拚個你死我活，而我對於「以德報怨」的愚而好自用者，也至死不會原諒。

日本軍國主義者的餘孽實在怙惡不悛，日本的民族性實在令人難以信任，今天有了錢又原形畢露，這三、四十年來連作生意也是巧取豪奪，臺灣每年辛苦地從其他地方賺來的錢都被日本商人巧取而去，連美國也對日本莫可奈何。

日本人如再不切實反省，一旦亞洲國家翻身，必然不會輕易放過他們，這種日子正一天天接近。以土地資源來說，比日本強的國家不少；以地理位置來說，無論南北韓、越南、泰國、緬甸、馬來西亞、新加坡、印尼都比日本優越。菲律賓雖也是一個島國，但巴士海峽也可以切斷日本的補給線。臺灣亦復如此，臺灣海峽日本更難越雷池一步，中國大陸的中程飛彈就可以置她於死地。全日本沒有腹地可言，港口、機場一被封鎖就坐以待斃，如果它想重整軍備，稍露野心，都是自尋死路。它惡名昭彰，狼子野心，亞洲各國無不心存戒慎。在十目所視，十手所指的情形下，日本很難逃過亞洲國家的耳目。最近大陸地下的核子試爆，最害怕的就是日本，未來十年八年，只要大陸打個噴嚏，日本就得膽顫心驚。天道好還，未來十幾億中國人絕不會輕易放過日本軍國主義，如其不信，走著瞧好了！

《新生報》八十四年六月五日

竹籬笆內淚辛酸

台中市衛爾康大火案還未善了，又發生眷村失火，燒死兩位榮民，房屋都成灰燼，這些受難的榮民自然令人同情，而全省眷村代表致敬團亦於三月二十八日拜會宋省長，在眷村長大的宋省長與眷村長輩話家常，說到苦處曾數度哽咽，新聞報導如此。這種情形我相當理解，因爲我也住了二十多年眷村，我也是老榮民。

當年我住左營海軍自治新村時，那批眷舍還是宋省長二叔祖父宋鍔中將任海軍總部參謀長時興建的，那時正是「三年準備，兩年反攻」的日子，興建的眷舍自然也是急就章，根本沒有作長久的打算，我們眷舍的牆壁是雜木魚鱗板，水泥瓦作屋頂，甘蔗板作天花板，我七口之家住的眷舍只有十二坪多。

四十一年十一月十三日午夜，貝絲大颱風橫掃高雄、左營地區，眷村損失慘重，水泥瓦、甘蔗板紛紛落下，大雨如注，我將五個孩子和內人用棉被遮住頭部，塞進牀中間，我自己頭頂棉衣，站立在狂風大雨中，伸手不見五指，天空中飛瓦走石，樹木折斷，門窗亂飛，狂風呼嘯，「鬼哭神嚎」四個字實不足以形容當時的恐怖情景，我沒有入過地獄的經驗，如果說這就是「人間地獄」亦不為過。

我們從大陸來臺灣的人，大多沒有遭遇颱風的經驗，尤其是故鄉九江，魚米之鄉，從來沒有大風，第一次遇上這種狂風大雨，措手不及，水泥瓦、甘蔗板、棉被經過大雨浸透，其重可想而知，我既不敢亂動，也不敢揭開棉被讓孩子們透口氣，不知道他們是死是活？好不容易熬到天有一點點亮，我連忙將棉被揭開一點，發現他們全身濕透，頭髮貼在臉上，那種驚駭喘不過氣來的情形，無法形容，二女兒塞在棉被中間，差點兒一口氣接不上來，活活憋死，他們的年齡是老大十歲，老二八歲，老三六歲，老四三歲，小兒子一歲，再不天亮，我不揭開棉被，都會悶死，我自己站在狂風大雨中也不敢亂動一步，外面比屋內更加危險，我唯一的保護點是頭部，只要頭不砸破，人不被颳走，就有活命的機會。

幸好我是經過大苦大難的人，能臨危不亂，在狂風暴雨中人像木頭一樣站了三、四小時，終於熬過來了，也保全了一家七口的性命，而在半屏山那邊的眷舍，不但死傷多，有一個十歲的女孩子，被狂風捲到空中，吹到參謀學校附近的地瓜田裡，在空中飛了兩三公里的路程，居然沒有摔死，後來她一家人作了我的鄰居，他父母親口說出這段故事，我才知道。

眷舍圍竹籬笆是當時的一大特徵，因爲房屋太小，竹籬笆內可以放點東西，我屋內只能放一張大木板牀，一張單人小牀，吃飯的桌子是拼湊的，我住了七、八年，就沒有一張正式飯桌，更別說書桌了，比宋省長眷舍還差得多（我去過宋省長在臺北的家），他嫡親二叔宋揚曜和我是在左營軍中廣播電臺的正副臺長，本來揚曜兄和我無一面之緣，他到左營接臺長後，冒冒失失到我辦公室直接找我，要求我幫忙他，擔任副臺長，從桂總司令到馬總司令我一直是總司令辦公室祕書，所有總司令主持的大小會報都是我一手包辦記錄，從無差錯，從大海裡跳進池塘裡的事兒誰也不幹，但我看他木訥誠懇，我終於答應了，因此我和宋家也結了一點善緣。

《新生報》八十四年四月二日

一老一少兩典型

少年時即在歌壇嶄露頭角的鄧麗君，因氣喘病突發，逝世於泰國清邁，不過四十出頭，走得倉卒，也太早了一點，但立刻轟動了全世界，所有媒體都競相報導，這對一位成功的女歌唱家而言，實不為過，最少比日本「眞理教」麻原彰晃製造沙林毒氣殺人事件，要有正面價值。

民國以來有兩位成功的女歌唱家，一為金嗓子周璇，周璇的嗓音淸脆、嘹亮、輕快，任何歌一經過她唱，就予人一種悅耳、怡情的感受，她的歌和梅蘭芳、張君秋的京戲一樣，令人百聽不厭。第二位成功的女歌唱家就是鄧麗君了，鄧小於周璇足有三十歲以上，周璇的名歌〈何日君再來〉有不少女歌手唱，但唱來唱去都沒有周璇那種味道，先天的本錢也不如周，可是鄧麗君一唱就唱出另一種味道，鄧的嗓音低沉、柔媚，〈何日君再來〉和〈小城故事〉成了她的招牌歌，這兩首歌眞是她的傑作，任何人唱都唱不出她的那種自然、輕柔、又有吸引力的感性來，她眞是歌唱天才。我一生不上歌廳，更不愛聽所謂流行歌曲，尤其是校園歌曲興起之後，我認爲是中國文化的大墮落，歌詞的水準絕不會超過五專的國文程度，完全不懂平仄、聲韻、文字瞎拼瞎湊，在臺上瞎喊瞎叫，歌手甚至在臺上打滾，惡形惡狀，令人作三日嘔，這完全是次殖民地文化。鄧麗君沒有唱過那種歌，在臺上也保持淑女風度，臺風優雅，歌聲吸引人，粗野與文明，落眼入耳便知。而鄧出身眷村，對國家、對軍人更有一分自然、眞誠的愛心，當別的三、四流歌星一窩蜂搶去大陸淘金、出鋒頭時，她不爲所動。其實她在大陸受歡迎尊敬的程度，甚至超過老鄧，這就是鄧麗君的風骨非一般歌星所能望其項背者，她爲臺灣歌唱界建立了一個良好的典型。

第二位建立了良好典型的婦女是臺塑「阿媽」王詹樣老太太，她和鄧麗君英年早逝不同，她也不是公衆人物，他以一〇八歲高齡自然仙逝，可以說是「福壽全歸」。

王老夫人的偉大不在王永慶、王永在兄弟功成業就，而是在她含辛茹苦教養他們兩兄弟成人，他的丈夫是賣茶葉維生的，家境清苦，因爲養不起子女，四個女兒有三個送人，三個兒子中的老二又在十七歲時因肺癌過世，王永慶九歲時，父親臥病在牀，全家生計都落在王老太太肩上，她丈夫王長庚因久病不癒曾偸偸在榕樹下準備上吊，因此王永慶小學畢業後就往嘉義一家米店當學徒，她則替人補米袋維持生活，她常告訴王永慶、王永在兄弟說：「有地瓜葉吃就很補了。」這樣一位勤儉知足的老太太，教育出了臺灣的「經營之神」王永慶、王永在兩兄弟，王老太太即使住上臺塑大樓十四樓還不忘本，還在樓頂種菜，在這個暴發戶多如過江之鯽的臺灣，有沒有第二個臺塑企業？有沒有第二個王詹樣老太太？

十多年前我曾經寫信告訴我老家九江堂侄王永慶的故事，他父親是我的堂哥，抗戰時我們兩兄弟同生死共患難，他是胡璉部隊的特務營長，部隊打垮後就因爲剛生下這個侄兒而未逃出來，在家鄉討過飯，後編入生產隊勞改，吃過不少苦頭，接到我的信後常常夜不成眠，暗自落淚，不久去世。這位侄兒因爲成分不好，只讀到初中畢業就在鄉下作木匠，我勸他趕快設法進城去搞建築，這孩子倒也爭氣，照我的話做了，我第一次回家探親時他對我說：「大叔，我能成爲萬元戶就好了！」我鼓勵他學王永慶，可以發大財，萬元戶算什麼？這幾年下來，他成立了建築公司，蓋了幾棟大樓，現在最少也有幾百上千萬了，比我一輩子煮字療饑強多了，比我在美國的博士兒子也强，但他只是一個初中畢業的木匠，我只是給了他一個王永慶母子的好榜樣而已，好漢不怕出身低，一點不錯。

《新生報》八十四年六月二日

老病相仍看晚晴

我在〈竹籬笆內淚辛酸〉那篇拙作的後面，還有一段文字建議迅速改建眷村宿舍，可能是文字長了一點，略而未登。事隔未久，五月十五日各報便刊出來自全省舊眷村代表三百餘人，齊聚臺北市，正式成立「中華民國眷村改建互助行動促進協會」，並發表宣言，要求政府應盡速將老舊眷村生態、窳陋環境，作徹底的更新，符合快、省、好三大要求。他們一輩子奉獻犧牲，如今國民平均所得已達一萬二千美元，他們所得卻不及三成。當年流血流汗，保衛臺、澎、金、馬安全的戰士，如今卻淪爲弱勢族羣，要不是選舉，似乎很少有人注意到他們。

猶憶我四十歲那年自軍中退役下來，向中央最高文宣機構求職時，那位文宣最高主管，以我年齡太大爲由，拒之門外。當時別人像我這種年齡的，卻視爲「青年才俊」，其實他是看不起我這個穿過三尺半的軍人，而他並不是不知道我、不認識我，我只好認了，不該在民國二十七年投筆從戎抗日，於是我不再求職，而關起門來煮字療饑。如果我手上沒有這枝筆，七口之家眞的慘了，我也不可能活到現在，而且現在還未停筆，而那位拒我於千里的文宣巨公，則早已銷聲匿迹，沒有當年那種盛氣凌人的神氣了。和我有類似遭遇的「榮民」，當不乏人，今天這些老榮民都已喪失工作能力，所得不過國民平均收入的三成，到今年三月底止，尚有四百八十七村，六萬七千眷村戶，有待改建，但我不在其內，二十一年前我就遷出了眷村，我寫這篇文字絕非自私自利，只是爲往日同穿過二尺半的袍澤，講幾句公道話。

榮民和作家同樣是弱勢族羣，榮民而兼作家的還不在少數，對這兩個弱勢族羣，我都有深刻的感受，榮民都愛國家愛民族，寧可犧牲小我，成全大我。不少單身榮民，臨終前還將一生少許積蓄，全部奉獻國家、社會，其無私無我的精神，是很多宗教信徒都比不上的，在社會上某些人看起來，甚至認爲榮民眞是大傻瓜。如果當年沒有這些大傻瓜，那有今天的安定？今天的繁榮？歷來很多國家大事，都是大傻瓜幹出來的，南宋的岳飛，就是一個大傻瓜，他明知奸相秦檜與金人暗中勾結，主和而不主戰，但他卻始終反對議和投降，在孤立無援時都不改「精忠報國」初衷，從他的〈小重山〉詞，可見其心聲，我不妨再引錄一次：

昨夜寒蛩不住鳴，驚回千里夢，已三更，起來獨自遶階行，人悄悄，簾外月朧明。

白首為功名，舊山松竹老，阻歸程，欲將心事付瑤琴，知音少，絃斷有誰聽？

岳飛既是軍人，又是詞人，他絕不是一位老粗，在國家生死存亡之秋，他寧可付出生命，也不賣國求榮，他被秦檜害死時才三十九歲。今天這些老榮民，當年抗日時也是和岳飛一樣同仇敵愾，精忠報國。在軍校受過軍官養成教育的人都知道，那枝佩劍上就刻了「不成功便成仁」這六個字，今天的榮民　在從戎抗戰時都是二十左右的青年，國家的精英，沒有他們，中國早亡給日本人了，更別談臺、澎、金、馬了，而這些老榮民中，也不乏岳飛那樣文武全才的人物，只是際遇不同而已，他們熱愛國家民族的忠誠，並無二致，現在已經風燭殘年，貧病相仍，還住在破舊的眷村之內，收入也只有國民平均收入的三成，無論是為選票也好，站在人道立場也好，應該還給他們一點公道，讓他們看見一抹夕陽。

《新生報》八十四年五月三十一日

一時英傑自由來

報載陸委會會議通過大陸地區傑出經濟、教育、科技與文化四類專業人士，可獲准來臺定居，如大陸的諾貝爾獎得主、奧運、亞運金牌得主，或曾獲國際影展大獎的影星等，都可以依法申請來臺定居，其中以諾貝爾獎得主、奧運、亞運金牌得主、國際影展大獎得主，這些有形的成就最易認定，爭議也較少，而經濟、教育、科技、文化方面並未得獎而具有實力者更多，畢竟得獎的只是少數，這又有有幸與不幸之分，未得獎而實力更在得獎者之上的亦比比皆是，站在吸收傑出人才的立場考量，應擴大胸襟，從寬認定，而不宜採取明星制。

美國是一個移民國家，當初那些沒沒無名的具有潛力的初生之犢，只是嚮往美國的自由研究，人才容易出頭而移民美國的，後來不少都成爲傑出人士，如我國的李振道、楊振寧、丁肇中等即是，他們對美國的貢獻至大，如果沒有當年的那些聰明才智之士的移民，也就沒有今天的美國；而今天臺灣的危機是，本土的聰明才智之士紛紛移民外國者，多如過江之鯽，大陸的傑出人才縱能順利來臺定居，能否彌補本土人才的大量流失，還是一個大問題，他們來臺後能否適才適所，貢獻所長，更是一大問題。

以我的小兒子爲例，他是留美的化學工程博士，媳婦是材料科學碩士，也是國內需要的人才，二十年前他們曾經考慮回臺灣服務，試探之後，仍然只好回美打拼，因爲我是無權無勢的外省人，幫不上他們的忙，他們自然在臺灣不易插足，不回美國打拼不行，現在總算立定了腳跟，孫子也很爭氣，小學畢業時，代表全校參加亞特蘭大市數學比賽，取得第一，現在國中一年級的數學程度已達到高中水準，參加 Duke 大學暑期講習，比國內的孫子外孫強多了。

這是生活、教育環境的不同形成的差異，如果大陸傑出人士一旦來臺灣定居，不能適才適所，又受紙醉金迷、追求物質享受的風氣影響，尤其是體育、影劇明星，更易受污染，在大陸傑出，在臺灣未必能保持往日的傑出，如乒乓好手奧運金牌得主徐靜，來臺灣後成績明顯退步，已非往日大陸隊友的敵手，這就是橘逾淮而爲枳了。文學方面的傑出人士亦然，大陸對作家最不利的是意識形態的框框太緊太窄，使他們不能自由創作，但他們有政府工資可拿，不寫一個字生活還是過得下去，還可以安心讀書，寫一點能寫的嚴肅的作品，如果來臺灣定居，誰給他們教授級的工資？日常生活如何應付？臺灣純正的作家稿子早已賣不出去了，難道大陸作家有三頭六臂？除非他們也寫些不三不四的非文學作品，但也未必搞得過本土作家和年輕的女作家？臺灣還有不少無殼蝸牛，他們來到臺灣，誰給他們殼？這更是大問題。

再以京劇界的傑出人士來說，他們每年都有全國性的大比賽，每年都會產生大獎得主，以他們的水準來說，很多生、旦、淨、丑都夠資格來臺定居，但以臺灣的教育訓練環境來說，三兩年之後，那些得大獎的名角兒，也會變成龍套了！即以李維康、耿其昌這一對夫妻檔生旦絕配來說，不出三年，他們的唱做功夫都會回去了，反而糟蹋了他們過去幾十年的努力。

修正大陸地區傑出經濟、教育、科技、文化四類人士來臺的辦法容易，怎樣讓他們來臺後更能發揮所長？得先有縝密配合的計畫才行，否則的話，不但對他們無益，反而有害。臺灣也不是沒有傑出人才，但臺灣的傑出人才的處境、現狀又如何呢？大權在握的大人先生們清不清楚？又有幾位知道他們？認識他們？有沒有想過辦法改善？作這種事一定要腳踏實地，和搞選舉打高空、開空頭支票一樣是不行的。

《新生報》八十四年六月十二日

九頭怪鳥一富婆

中國大陸地大、物博、人多，神奇之事更不少，多少年前就傳出神農架出現野人，繪聲繪影，使人不能不信，傳大陸已組成搜索隊，希望能捕捉到一個，這種地球上的事不像飛碟那樣難以捉摸，神農架的範圍有其極限，深廣度也屬有限，眞要捕捉一定會有個結果。

香港《文匯報》六月四日又報導，去年七月間又在神農架出現古代傳說的九頭鳥，而且不是頭一次，根據多位目擊者指說，九頭鳥全身長滿灰黑色的羽毛，紅色的喙，在空中飛翔時有如一隻大畚箕，直徑約兩公尺，叫聲十分怪異，落在樹上有如飯桌般大小。

由於故鄉與湖北毗鄰，兒時就時常聽說九頭鳥的故事，但多語焉不詳，因此對九頭鳥的瞭解不多，倒上「天上九頭鳥，地下湖北佬」，這句對湖北人不敬的口頭禪，日常說話中用得很多，湖北人見得更多，有的地方人對故鄉水碼頭的腳伕、小販也沒有好印象，甚至在「天上九頭鳥，地下湖北佬」下加上「十個湖北佬，抵不上一個九江佬」兩句，其實這都是以偏概全的話。

故鄉九江的碼頭腳伕，開澡堂和理髮店的，倒多是黃梅、武穴一帶的客鬻，本地人士大夫觀念比較重，十之八九不幹這類行業，職業無貴賤，人性有好壞，只是各地的民情風俗不大一樣，人自然也有好有壞，强盜窩裡也有好人，愈是大口岸，像上海、南京、九江、武漢，人的品類都比較複雜，競爭上比較激烈，因此八仙過海，各顯神通的事兒自然多些，不像農村那麼單純。

九頭鳥到底是吉祥鳥還是不吉祥鳥？不像烏鴉那樣常見，也不容易確定，據曾兩度親眼目睹九頭鳥的神農架農民張新全說，九頭鳥長著一簇腦袋，共九個頭，尾呈團扇狀，如孔雀開屏，前進時如滾動的車輪，旋轉而飛。

小時曾在近於二十公尺內親見九頭鳥的醫生李運春表示，九頭鳥是八個小頭圍繞一個大頭，每個小頭都有眼睛和鷹一般的嘴巴，半年後他便害了一場大病。

另一已退休醫生周正江指出，傳說凡見到展翅孔雀開屏的九頭鳥時，就會大吉大利，如果聽到怪叫聲就會大禍臨頭，九頭鳥怕火怕光，晝伏洞穴中，天陰、黃昏、夜晚時始出來活動，平時不易見到。

雖然見到九頭鳥的機會並不多，但九頭鳥存在的事實不可否認。

另一則更值得注意的報導是新疆省維吾爾遊牧民族產生了一位財產超過兩億元人民幣的第一富翁，而且這位富翁只受過五年小學教育，又身爲十一個孩子的母親，四十八歲，她就是熱比亞・卡德爾。大陸實施一胎化政策，在漢族中，尤其是城市嚴格執行，但對少數民族或偏遠地區人民，則網開一面，這位維吾爾的熱比亞・卡德爾竟生了十一個孩子，這不能說不是對少數民族的優惠，此其一。

第二，熱比亞・卡德爾的教育程度低，她自一九八五年起，以大陸的羽絨衣作交換前蘇聯的鋼材的生意，雖屢遇挫折，但她終於在「邊貿」中成功了。一九九二年，她在烏魯木齊建造了七層高的熱比亞商貿大樓，成爲北疆維吾爾人的地標，在哈薩克斯坦有兩家商場，在烏魯木齊還有三家公司和兩幢房地產，合起來就超過人民幣兩億元，合臺幣六億多，成爲大陸第一富婆，這是自由貿易創造財富的一個實例，而且是由邊區一位十一個孩子的母親創造的，這是值得特別注意的一件事。「經濟奇蹟」不是獨占的，只要有機會，任何地方，任何人都可以創造的。不像文學

執著創作者，是人類中的稀有品種。

《新生報》八十四年六月二十一日

二〇〇七年一月二一夜 伯揆

輕舟已過萬重山

蛙鼓頻頻似管弦

二十年前，我以中央公教貸款買了北投大屯山腳下的這棟住宅，我這輩子災難禍事不少，但也往往因禍得福；本來我是與本單位同仁登記委託公家興建在士林山上的中央社區住宅的，可是一拖再拖，蓋蓋停停，我去山上現場看了幾次，都打聽不出一點訊息，不免生疑，再加上我是個急性子的人，便單獨去主管單位改為貸款自購，看北投這棟房屋時，連地基都未打好，而且是唯一的雙併獨院保留戶，我喜歡這種近山靠水（貴子溪溪流）的環境，便與工地職員情商，出點轉讓費，那位職員終於同意，而我身上並未帶什麼錢，只有零用錢五百塊，我當即下定，對他說明天到公司簽約時按規定付款，那位職員給了我收據，我即高興地離開，到木刻家方向在北投的家中看他，他很高興，要留我吃晚飯，而且那時也到了吃晚飯的時間，我便不矯情地接受了。

吃過晚飯後再從北投回到大直家中，內人對我說建設公司工地負責人來找我，似乎是不想賣，他不能久等，便怏怏地走了。我恐怕生變，第二天一上班就趕到公司訂約，那位銷售員還不知情，他說還有幾戶空屋，勸我多買一戶，內人是個膽小的人，不敢負債，所以我沒有冒險，誰知不到兩個月，就爆發第一次石油危機，我訂的房價就暴漲一倍以上，很多人想搶購都搶不到手，我後悔也來不及，轉手之間就賺進一棟的好事兒就從手邊溜掉了，眞是「膽大的贏錢」。「命裡只有八合米，走遍天下不滿升。」

我是六十三年一過年就從大直海軍竹籬笆眷舍遷來的，才一年多，就在清明節的那天夜晚，一夜暴雨，山洪暴發，山上巨石隨山洪滾滾而下，如砲聲隆隆，我懷疑是否爆發了戰爭？抗戰時期的浙贛戰爭我有同樣的經驗。

那年的第二天一清早我就懷抱著兩個月的大女兒，拖著哭哭啼啼的不肯冒雨逃難的內人逃走，她聽我說出「妳不走我走」的話，才不得不跟著走。我是受過正式軍官養成教育的人，知道戰爭的危險，而勝敗往往決定於指揮官的一念之間，我作事向不優柔寡斷，果然幾個小時之後，日本騎兵就繞道包抄過來，幸好我們剛剛逃過日本騎兵的截擊，不然我哪有命來寫《紅塵心語》？

臺灣隔一條海峽，以當時兩岸的雙方軍備而論，一夜之間發生猛烈的砲戰不大可能；兵變嗎？也不大可能，而最主要的原因還是臺灣是一個巴掌大的地方，往那兒逃？

因此我只好抱著聽天由命的心理繼續睡覺，第二天一早起來，原來的一條小溪已堆滿了幾千公斤大大小小的巨石，有的巨石還壓著對面廚房的水泥頂，幸好我這邊的堤岸只沖毀一點，小花園雖然面目全非，但房屋的地基絲毫未損。

經過幾年的撥款整修，後院原來的泥土堤岸已改成水泥鵝卵石堤岸，整齊、美觀，我的小院面積也大了一些，主流又不經過這裡，所以颱風天的水聲也不擾人清夢，但一到春天夜裡小溪裡的蛙聲仍然咯咯不停，而我小院子裡的兩棵玉蘭樹（非本地白蘭花樹）已有兩層樓高，大品種梔子花也有一丈來高，每天天一亮就有白頭翁之類的鳴禽來樹上歌唱，我早起打坐正好有牠們悅耳的歌聲聲聲入耳，因此昨夜在枕上就想好了一首七絕，吃過早點之後稍加修正便完成了這首詩：

暮春即事

陰陰黯黯養花天，蛙鼓頻頻似管弦。
夜正央時人未醒，鳥聲伴我共參禪。

《新生報》八十四年四月二十七日
二〇〇七年一月二十五日重閱

翩翩舞影正婆娑

運動對人身體健康有很多好處，如最難根治的糖尿病最好的治療方法一是運動、二是飲食均衡，如果能遵守此二法門，一定會好，而且根治。二十年前，醫生驗血，說我有糖尿病，我不信，醫生依據我飯前血糖一三五，飯後二一〇毫克判斷，加上我的體重又有七十五公斤（時身高約一六九，比青年時期矮），所以他要我節制飲食，減輕體重。

當時我認爲我的健康狀況最好，因爲我每天天亮前就上圓山打太極拳兩小時，體軟如綿，食欲又好，早餐一大碗麵加一個雞蛋、一大杯牛奶加一調羹蜂蜜，中、晚餐各吃三碗飯，因此體力充沛，周日登大屯山或七星山，來回二、三十公里，不知疲倦爲何物？但不知就因飲食過量、營養太好，所以血糖升高，好在我一向「從善如流」，我將飯量減了三分之二，不吃蜂蜜，不吃香蕉、甜的水果，改吃番茄、芭樂，運動照常。

不到三個月，體重減了五、六公斤，血糖完全正常，二十多年沒有再超出標準，而且我自行改食薏米、蕎麥當飯，體重逐漸減到五十六公斤，從此打住。心臟、血壓、血糖一直十分標準，所以我才能拚老命寫出《紅塵》，在那段時間我每天只睡兩、三小時，如非血壓標準，早就中風不起，這就是運動配合飲食的好處。我早爲自己算過命，認爲活一百多歲沒有問題。有天眼通的馮馮和荷嚴，也都說我可以活一百多歲。我還想再寫一個長篇，寫這個專欄（《紅塵心語》）和寫寫舊詩、塡塡詞，算是我最好的休息，三、五年後再寫長篇不遲。

運動的定義很廣，不單是體力肌肉運動，腦筋也要運動。到了我這種七老八十年齡的人，如果不思不想，吃了就睡，一定會得老人癡呆症，從前我在國民大會工作時，谷正綱老長官到後來唸講演稿都會前言不接後語，走到自己的辦公室門口都會問工友：「這是什麼地方？」後來果然得了老人癡呆症，連羅家倫也是得老年癡呆症死的。

但運動有好有壞，西洋運動中我最反對的是拳擊、美式足球（橄欖球）、鬥牛。這三種運動殘忍而且危險，毫無藝術可言，鬥牛更是極不人道的謀殺。但是西方的體操、韻律舞、花式溜冰，我卻十分欣賞。體操不以體型高大和蠻力取勝，而是講究技巧、平衡，因而可以產生美感的一種運動，韻律操比體操柔軟度更高，彈性更大，更具美感。花式滑冰則是集音樂、芭蕾舞、滑冰技巧、身體平衡、柔軟度和彈性的大成，不但是運動，簡直可以說是動的藝術，不論是單人滑冰或雙人滑冰，其可看性都是很高的。八十四（一九九五）年三月十一日在英國伯明罕舉行的世界花式女子滑冰賽中，年僅十八歲的大陸滑冰女選手陳露，一舉粉碎了美國冠軍波貝克，和法國冰后波娜莉的美夢，而為中國人奪取了第一面世界滑冰金牌。這件事很值得此間奧運當局和爭取高雄市舉辦亞運者深思。我們的實力何在？我們應該著重那些運動項目？我們有多少奪牌的希望？都應該先慎重考慮，我們在體育方面花的錢比在文藝方面實在多得太多了，能不能「換個跑道」試試看？

《新生報》八十四年三月二十四日

墨人註：我重校這篇文字時自已八十七歲高齡，三個月前作老人健康檢查，和榮民總醫院驗血指數結果一樣正常，無任何殘疾，皮膚呈往年斑，左額下有一顆黃豆大小的肉瘤，一定要割除化驗，一周後化驗報告就是「長壽瘤」。我早知道一百二十歲前是我一生最順利的創作年齡，不是「老朽」的「入墓之年」（醫生沒有這方面的統計經驗，更不知「天機」）。

二〇〇七年十月二十六日重校於紅塵書廬

一林黃葉一戎衣

我在〈老病相仍看晚晴〉那篇拙作中，希望老舊眷村早日改建，讓那些已七老八十的榮民臨終前能夠看到一抹夕陽，那四百八十七個村，六萬七千眷村戶，還是有家有室，比較好一點的弱勢族羣；而最孤苦無依的是那些當初退役下來，又沒有拿到幾文退役金的「自謀生活」的老榮民。

這些榮民有些住進了榮家，有些領了一點錢在外面租屋生活。如我的老同事、散文作家宣建人兄，就是這一種老榮民，他今年九十四歲，無家無室，一個人住在外面，他的情形和去世不久的詩人黃仲琮（羊令野）差不多，但羊令野據說住的是自己的房子，因為他退役遲，待遇好些，宣建人退役早，沒有拿到錢，僅靠榮家每月發的萬三千多元度日，租房住，自炊自爨，以前還能寫點文章貼補，現在年紀太大，不能寫了，寫了也賣不出去，因為他個性耿介，而現在的報紙副刊都是年輕人編的多，作家愈老愈不吃香，無形中會遭到封殺，個性耿介的作家更會被故意封殺，所以老作家十之八九早都停筆了，即使偶爾「蜻蜓點水」也只是表示自己的「存在」。我是打不死的九命貓，我寫我的，發不發表完全不在乎，現在也不等米下鍋，所以還能挺得住，寫得下去。有我這種傻勁的老作家並不多，像我這種「榮民」也不多，而我也從不以此爲「榮」，我知道這是[redacted]，但我不能不替「榮民」講幾句話，因爲我完全瞭解他們的痛苦。宣建人兄甚至和我談到他的「後事」，我總是寬慰他，但我是「義不容辭」。

還有比羊令野、宣建人兄情況差得多的「榮民」（羊令野去世時無人知，遺體發臭），因爲他們兩位是作家、詩人，大小也是個校官，其他階級低，又不會寫文章，無家無室，無親無故的「榮民」不少，眞的是「晚景堪憐」，如《世界論壇報》記者簡炳洪先生臺東報導：退伍老兵陳飛，貧病交迫，身無任何證件，七十一歲，十年前從玉里榮民醫院「走失」後，一直在外流浪，直到五年前在高雄遊蕩時，被警方帶回警局後，而將他帶到臺東縣「放逐」，因而到處流浪以乞食爲生，當淪落到馬蘭菜市場時，被在市場賣魚的老闆收留，暫宿在市場角落，如今舊病復發，貧病交迫，自然急需援助。

陳飛是廣東人，民國十四年生，三十三年從軍，參加過內戰，五十三年以下士班長退役，只領到微薄的退伍金，在中南部到處打工維生，十餘年前因爲住進玉里榮民療養院，出走後到處流浪。

像陳飛這樣「自謀生活」的「榮民」不在少數，以前撿破爛的、拉板車的、賣饅頭的，夜宿火車站的、地下道的，十之七八都是這類「榮民」，現在社會形態改變，他們又都年老力衰，沒有工作能力，只好討飯了。臺灣錢雖淹腳目，選舉可以一花幾千萬，上億臺幣，或者上什麼俱樂部、舞廳、喜慶宴會，一擲萬金，毫無吝色。但這些討飯的「榮民」他們看不到，也想不到。他們頭腦裡盤算的是如何爭取選票？如何在阿拉伯數字後面再加幾個圈圈，即使捐一筆錢，也要成為大新聞。「雨中送傘」、「雪中送炭」的事他們不會做，因為那對他們沒有任何利益，他們不知道「明去暗來」，做好事不讓人知道福報更大，他們一念之仁，便可以救濟不少苦哈哈的人，何止老兵陳飛一人？

《新生報》八十四年六月十五日

老人乘車受氣多

住在都市的人，汽車是重要的交通工具，有自用轎車的人雖然日漸增多，但那多是青年人因爲工作上的方便，自己駕駛，這樣可以控制時間。不過這些有自用車的人，十之八九都沒有車位，他們的車子到處停，近六、七年來，我家門口便成了這些有車無位者的停車場，起初我還問或寫一兩張紙條插在車上請他們不要占用我出入的通路，他們相應不理，有幾次有兩部車子占住我家的大門口，不能出入，我打電話請警察來看，警察覺得不對，開了一張條子插在車前，請車主去派出所一下，後來那部車子不知什麼時候開走了？我卻於晚上在水溝邊發現警察開的那張單子，這位車主根本沒有將警察看在眼裡，我這個屋主他是更不在乎了，這眞是霸王車，以後我只好聽其自然，只要能進出就算了，這是無法無天的世界，我們兩位老人加起來一百五十歲，沒有辦法和那些不認識的青年人理論，氣壞了身體更麻煩。

我自己出門更是以公車代步，幸好我這邊是起站，上車不成問題，但我們這條路線是民營公車，起初是大南、光華兩家，因爲司機爲爭客人時起糾紛，甚至打架，後來劃分路線，由大南獨家行駛，但是也沒有什麼改進，如過站不停是常事，見了老人更不停車，即使上了車，下車時兩隻腳還未完全著地，車子已逕自開走，如果不練就一副青年人的好身手，很難不跌倒。

最妙的是司機看見老人手上提了紙袋什麼的在站牌下等車，如無人下車，司機絕對是呼嘯而過，你氣死了也沒有用，司機的主觀意識是不願搭載老人，老人搭公車成了受氣包，默默承受的多，和司機爭吵的少，如果嚥不下這口氣，和司機吵了起來，準吃眼前虧，他們什麼粗話都罵得出來，如報載光華二六七號的公車司機張某因爲過站不停，和乘客七十歲的徐姓老榮民口角，張某用腳踢徐下車，並追到車外毆打，乘客眼見老榮民受傷倒地，打一一九送徐姓老人到醫院就醫，並報警處理，警察移送士林分檢署偵辦。這還是最好的結果，類似事件多半是不了了之，吃虧的老人只有自認倒楣。

每一個國家都有公車，但我沒有發現別的國家公車司機服務態度如此惡劣，有的國家公車司機還會和氣耐心地告訴你在哪一站下車，在哪一站可以進入地下鐵，絕對沒有出口罵人，口嚼檳榔，口刁香煙，和熟知的乘客大聲聊天，置乘客安全於不顧。據交通局統計資料指出，該局每月受理民衆申訴案件至少在五十件以上，今年三月更有九十九件，該局表示，公車服務品質不佳原因很多，民營司機採獎金制，有高效率才有好薪水，爲了多賺錢，司機拚命開快車，甚至發生搶大站，過站不停的比比皆是。而以脫班，任意改道，過站不停的最多，甚至司機毆打乘客如徐姓老榮民被打者，絕非初次。

交通局既然知道民營公車有這麼多弊端，爲什麼不想辦法制止、改進？陳水扁市長競選時的改善交通，「希望、快樂」又在那裡？難道這就是「選舉文化」？過了河就拆橋？

《新生報》八十四年六月二十五日

畢人註：過近五、六年來老百姓生活是王小二過年，一年不如一年。在上位者生活優渥
老百姓天天報新聞，活在貧苦無錢，不是為富者 [illegible] 三級貧戶 一生富貴更錢多不
擔心，今日之憂更大。無話可言。

二〇〇七年六月二十五日重閱

文化交流在個人

自兩岸展開文化交流以來，我先後去過大陸四次，其中三次是以個人身分去的，最後一次是偕同秋水詩刊社的朋友數人一道去的。以我個人的體驗來說，大陸詩人、作家、理論家（包括紅學專家）、教授，在中國文化和文學方面，和我的共識最多，一點也未受到政治方面意識形態的影響，因此我還交了不少知己的朋友。最近一次是一九九三年十月底遠去東北哈爾濱，與秋水朋友一道，無論是在哈爾濱、北京、西安，以及我個人的訪問昆明，都十分愉快。

到哈爾濱的第二天，參觀呼蘭女作家蕭紅故居時，瑞雪紛飛，而來自瀋陽、長春、朝陽的詩人們的熱情，卻遠勝於歡迎我們的雪花，東北人的率直、坦誠，令人感動，尤其是女詩人們，更是熱情似火，東北姑娘多半高䠷窈窕，個性爽朗，又是一口與北京話極其相似的京片子，聲音十分悅耳，以現代審美觀念來看，中國美女出在東北，美女再加上幾分氣質，便相當可觀了，以女作家蕭紅的相貌來說，她就是一位很有中國味兒的美人，只是她眉宇間比別的東北女性多了一點憂鬱感，有些楚楚可憐，她的悲劇下場，在性格上已顯示出來，現在的東北女性詩人，少有她這種樣子的。原來她也姓張 以前竟不知道

北京的詩人同樣熱情，秋水二十周年之夜，眞是水乳交融，溫馨感人，在臺北不可能出現那種場面。

西安的詩人特別富有黃土高原的質樸氣質，眞誠可愛，曾有兩位女詩人聞訊從寶雞趕到西安，又從西安追到鳳翔，終於和我們見過了面。還有一位小姐從石家莊趕到西安和我見了兩面，那分眞誠也是少有的。杭州更有一位青年女作家趕到北京拜在下爲師。

要說兩岸交流，而以文學交流最爲有效，沒有屑半點假，更不必戴白手套，但這都是我們自掏腰包的，沒有要政府一文錢，更不向政府邀功，而是純民間、純個人的，一稍涉政府關係，事情就難辦了！如去年八月此間主辦的世界詩人大會，曾向大陸各地詩人發邀請函，結果統統來不成，當時只有三位以其他方式輾轉來臺。直到最近，才有一位著名詩人雁翼，一位著名評論家古繼堂和他的夫人以及一位青年詩人用別的方法來臺，談到其中的周折，令人難以置信。

我和幾位朋友爲盡地主之誼，陪著名詩人雁翼和評論家古繼堂夫婦，遊了臺北故宮

博物院、中正紀念堂、植物園，以及日月潭、玉山國家公園、阿里山、臺南等地，他們玩得十分愉快，在日月潭《秋水》編者還要大家各寫一首詩作本期詩刊紀念。《秋水》是新詩刊，不登傳統詩，我也只得湊上一首題為〈日月潭〉的新詩：

是那位九天仙女
失落一面一塵不染的菱花鏡
照見我這位
不知歲月的老人

我人在鏡中
心在天上
那天我會腳踏光華島
肩挑日月
回歸九天宮殿
我會收回這面菱花鏡

換上淨土的八功德水和七寶池
讓人間兒女永駐青春

《新生報》八十四年六月二十八日

百年筆耕不辭勞

我很注意全世界人瑞的新聞，能活到百歲以上的人，一定有很多可以借鏡的地方；不論是養生保健方面，或在做人處世方面，可學之處，一定不少。在我收集的人瑞資料中，年紀最大的是出生於一八二二年的巴基斯坦回教領袖馬布德，這消息是由原籍也是巴基斯坦的桑達尼博士於一九八三年八月十八日在美國威斯康辛州畢佛水庫宣布的，一百六十歲的馬布德是到美國去找桑達尼博士作健康檢查的。桑達尼博士說馬布德還有一位超過一百歲的兒子在蘇俄，馬布德現在是否還健在？我一直沒有再看到他的消息，但三十年前他已經一百六十歲了。

那些人瑞怎麼會活得那麼長呢？我歸納的結果，約有如下數端：

一、在生活方面是不煙、不酒、不暴飲暴食，生活規律，勤勞節儉。

二、待人寬厚，律已甚嚴，坦坦蕩蕩不貪圖物質享受，澹泊自甘。

三、信心堅定，不論是宗教信仰，或是有關眞理道德方面的事，都不會輕易動搖。

四、達觀。這個層次高於樂觀。

但在我所注意到的人瑞中，我認爲美聯社一九九五年六月九日在米蘇里州堪薩斯市報導的在六月九日才過百歲生日，任獨立市評論報的審稿編輯史徒巴特女士最爲難得，因爲在她百歲生日這天晚上她還完成了八小時的審稿工作，當天同事們爲她舉行了每人自帶一個菜的慶祝晚宴，這在中國人看來是太寒酸了，非大宴賓客不可，有錢的人席開百桌也不爲多，但她的人生態度更是値得我們學習的，她在審稿休息時說：

「工作使我覺得我能有所貢獻，工作使我覺得自己有價値，我希望處在一羣有事情可想、有事情可做的人當中，我不想成爲受到照顧或需要政府照顧的人。」

三十年前她的丈夫就去世了，一九四四年她遷到獨立市前，曾在懷俄明州擔任學校教師，她計畫一直工作下去，她無法說出她活了一百歲的特別原因，她只說：

「我從不抽煙，我從不喝酒，而且我試圖從不說謊，而最後一項最難。」

這是一位多麼坦誠可愛的老太太？「不妄語」本來是佛門弟子必守的五戒之一，「說謊」比「妄語」還輕，但不容易作到。

人長壽是一件好事，但是六十五歲退休以後便無所事事，卻是一件壞事，那這剩下的漫長歲月都浪費了，甚至變成社會的負擔，這不是很可惜嗎？

我有兩次自動退休的經驗，第一次是四十歲時，第二次是六十五歲（以我的職位和本單位的慣例，那時我可以延到七十歲），但這兩次退休都不是爲了休息，而是爲了自己更喜歡更重要的工作，第一次退休我寫了約二十本書，包括我早期比較滿意也受別人肯定的兩個長篇小說《白雪青山》、《靈姑》以及《紅樓夢的寫作技巧》；第二次退休完全是爲了寫大長篇小說《紅塵》，《紅塵》之後還出版了《全唐詩尋幽探微》、《全唐宋詞尋幽探微》、《大陸文學之旅》、散文集《小園昨夜又東風》以及這本《紅塵心語》等。

以後我就不會再退休了，我準備一直寫下去。今年我雖已七十五歲，四十多年前我自己隨便算到一百二十歲時，就懶得算了，我認爲那時我該做的工作應該做完了，活不活下去無所謂，但最近荷嚴博士卻說我會活到一百七十歲，大概我的[redacted]還未[redacted]吧？但只要活著我就不會停止讀書、寫作，我不會坐著「享福」、等死；「閒」著實在很無聊。我也不會變成子孫和社會的負擔，我活著就要付出。

《新生報》八十四年六月十八日

叩開生命門

聽說現在有的大學開了「生命學」這門課。我不知道課程的內容，也不知道授課的是哪些大師？但「生命」是不太容易解開的奧祕。所以孔子也說：「未知生，焉知死？」但是老子完全明白，他對宇宙的起源、發展層次都清清楚楚。豈止人類的生命！他說的「大而無外，小而無內」，一直是天文學家、物理學家探索、追求的課題。

古希臘時代的人認為物質是由水、土、火、空氣組成，但我們的老祖宗伏羲，早就發明了太極八卦，中國人也老早知道金、木、水、火、土這五大元素。近代科學家更知道分子、原子、質子、中子的存在。一九三二年證明了原子是由電子、中子、及質子組成。美國科學家蓋爾門一九六四年還說出質子和中子並非最基本粒子，它們是由大小約萬兆分之一公分的夸克組成。十年後最輕的上中下三個夸克相繼得到證實。後來美籍華裔科學家丁肇中博士發現了J粒子，從J粒子可以證明第四個「魅夸克」的存在。一九七七年英國的雷得門又發現第五個「底夸克」。今年（一九九四）四月二十五日臺北各報又刊出芝加哥美國費米實驗室正科學家葉恭平博士說：已近百分之九十九的發現及確定物質更小的基本粒子「頂夸克」。

這些古今中外的科學家窮年累月的研究實驗，是作什麼呢？無非是想找出宇宙構成的最小基本粒子，瞭解宇宙構成的奧祕。但是「頂夸克」是不是小到如老子所說的「小而無內」呢？恐怕未必？但這些大科學家的研究實驗很有貢獻、很有價值。他們是在逐步證實老子的「小而無內」的先見，老子比他們早了兩千多年的知識，科學家沒有否定，丁肇中博士還因而得到諾貝爾獎。可是臺灣有些「望文生義」的所謂學者，還說老子是「反智」的，我想一位完全瞭解宇宙奧祕的先知，他的知識層次不會比現在自視甚高的人文主義的學者低。不但老子是先知，釋迦牟尼佛、耶穌也都是先知。

對於宇宙形成、發展的基本知識有了初步的瞭解，才好談人的生命形成、發展，才能知命。而命學又是中國特有的一門有系統的大學問，和伏羲、老子的思想是一脈相承的。可惜這門學問一直受到壓抑，沒有得到正常發展，加上賴以謀生餬口的江湖人士，（眞有大學問的不多）只是憑著一點組合公式，斷人吉、凶、禍、福，乃至生死大事，想要沒有一點失誤，自然很難。發射衛星的火箭該是百分之一百的科學，可是失誤，造成慘劇的事故還是不少，我們能否定那不是科學嗎？因此，我們也應該以求知的態度面對一切尚未知究竟的事物，不必一犬吠日，百犬吠聲。

回想當年姜貴住在臺北博愛路「成功湖」旅館時，因爲離我上班的中山堂國民大會近在咫尺，他是閒人一個，我也不太忙，而他又沒有一個可以上下古今天南地北毫無顧忌的談話對手，因此，不是他來中山堂國大圖書館和我聊天，就是我抽空去「成功湖」看他。我們兩人一談就談個沒完沒了，過了吃飯時間就吃碗麵充饑。

我們談話的內容眞是海闊天空。姜貴是一位十分有個性的人，甚至有些偏頗，話不投機的人他眞是拉長臉、緊閉著嘴，一個字兒也不說。所以他很少去參加什麼集會，偶爾不得不去應付一下，他總是站在後面不吭氣，他世故之深，城府之深，我的朋友之中無第二人。

我們兩人都是屬猴的，但他大我十二歲，承他不棄，將我當作談天的對手，也解除了我不少寂寞。直到「成功湖」改建，他去台中時，我們的話匣子才關閉。我和他相處上十年時間，談的話如果記錄下來，不到一千萬字，也有好幾百萬字。可是那時我們兩人都在停筆狀態。他即使千拜託，萬拜託，預支了人家的稿費，也未必交卷。他曾坦白對我說，他祖上是作生意的，他也是作生意的興趣比寫文章的興趣大，他又有欠債的本事，所以他不寫，他曾經和我說過這樣的話：

「好作品不能發表，能發表的都不是好作品。」

什麼原因，不必解釋。那段時期我也很少發表作品。我們兩人除了聊天之外，就是跑命相館。俗話說：「窮算命，富燒香。」他是窮，我更不富，我們兩人在這方面也是同好。他會卜卦，但是不精。他不會算命，所以求算命先生，但是一走出命相館他就失望地對我說：

「我相信人是有命，但是八個字兒沒有人能算準。」

他初到臺灣時很有幾文，他相信一位命相家的話，說他「丁壬合木」大運要發大財，所以他將錢全部投資作生意，結果一敗塗地，當我把那位命學家替我批的命書給他看時，他氣得臉發白說：

「我就是栽在他的手裡！」

其實那位命學家的父親是前清一位知府，他是家學淵源。他公子是我的同事，那時我在左營海軍總部當祕書，他費了幾天時間才批好賤造，字好，命理文學亦佳，我認為他比我抗戰勝利後在上海東方大飯店請一位「大師」算得準確，沒有離譜。可是姜貴對他嗤之以鼻。他還對我說：

「我看除非是神仙，沒有人能算準八個字兒。」

我有求知欲，對這種事兒又有興趣，加上自己沒有春風得意過，便自己鑽研起來。這是一門很難鑽的學問，加上書籍又難辨眞偽。幸好我對道家思想有所瞭解，很快就進入情況，可惜婁貴去了臺中，他在臺中中了愛國獎券大獎，我不知道，直到我去臺中祭他時才有朋友告訴我這回事。不然我倒可以將這門知識的一點心得告訴他，或許能化解他那點成見。

《華副》主編蔡文甫兄知道我在鑽研這門學問。民國六十七年他突然給我出了一個大難題。原來臺南有位署名夏琳的作者於六十七年十月十九日在《華副》登了一篇〈誰來救我兒〉的文章，幾乎一字一淚，感動很多讀者，蔡文甫兄當然也被感動，但我並沒有注意那篇文章，一天夏琳女士突然到中山堂來找我，說是蔡先生介紹她來的，一問才知道是這麼一回事：

「民國六十七年九月十二日……我七歲的小兒子，從三樓陽臺上摔了下來，頭部先著地，轟然一響，小小的腦袋與灰硬的柏油路面直接撞擊，終於使他毫無知覺地在醫院裡昏睡了將近兩個月的日子……」

他小兒子先是在臺南醫院昏睡了一個多月，奄奄一息。「醫師肯定地告訴我，這孩子無救了，恐怕要像臺北的王曉民一般永遠昏睡下去。」她想轉往臺北醫院求診，但醫師仍說：「去也沒用，白費金錢而已。」

但她還是把小兒子送到台北榮總。初進榮總檢查過後，大小醫師無不搖頭嘆氣。她來看我時孩子已經在榮總動過手術，仍在昏迷中。「連主刀的李大夫都不敢預測會有什麼結果，孩子的爸看我一把眼淚、一把鼻涕的哭個不停……」

這情況自然十分嚴重，我請她將孩子峻天出生的年、月、日、時，以及從三樓陽臺上摔下的時間告訴我，我好替他推算。我仔細推算過後告訴她孩子一定不會死，將來還會成大器。可是當時她只是苦笑，不好意思對我表示不信任。直到六十八年五月十四日她在《華副》發表〈我兒還魂記〉這篇文章時我才完全明白她當時的心理狀態：

「聽他這樣說，我有點啼笑皆非之感。孩子的生命尚在縹緲虛無間，怎麼就能斷定他的將來呢？」

當時我只好對她說：「咱們走著瞧吧！」我不但不接受她口頭上的道謝，還請她在中山堂餐廳吃了午飯。我對她同情都來不及，還要她謝什麼？

大約過了十來天她又突然來看我，高興地告訴我她小兒子峻天已經完全清醒了，很快就可以出院。我也陪著她高興，我並不是姜貴所說的神仙，我只是肯用頭腦的普通人。

民國六十八年（一九七九）記不清是哪一月哪一天？她突然帶著大兒子和完全康復的小兒子峻天來看我，並且送了我一張兩個兒子騎在水泥老虎背上的合照送給我作紀念（可惜這張照片《聯合報．副刊》沒有還我）。兩個兒子都厚厚實實活潑可愛，她也完全是一個幸福的母親。

夏峻天小弟弟是十幾年前的例子。最近去世的中國文藝協會理事長老友夏鐵肩是眼前的實例。

鐵肩生於民國十一年陰曆二月二十七日酉時。早在十多年前我就替他推算過，他自己雖通人相學，但不懂命學，對中國道家思想也少研究。他自己不能確定是戌時、酉時。他報的是戌時生，但我一看就知道戌時不對，酉時才完全正確。他的四柱是：壬戌、癸卯、壬辰、己酉。

當時我就發現今年甲戌年是他的大限，但不敢像對夏琳女士那樣說她兒子一定不會死。任何命學家都不會明言別人哪年死，何況我是純作研究的人，更怕影響鐵肩的心理，所以我的評語淡化很多。想不到他保存了那份粗批。在他病危時他太太秋芳清理文件時發現了，她又在電話中告訴了我，也當面告訴了去看她的應未遲。這樣反而使她能面對現實、少一點遺憾。但這些年來我一直勸鐵肩不要抽煙，不要熬夜，他就是聽不進去。我第一次看他躺在加護病房不省人事時就知道他過不了這一關。十多年前不幸而言中，更使我感覺到造化的力量太大，人無力反抗宇宙自然法則。

他的訃告發出後，我曾打電話將鐵肩的四柱告訴一位接到訃告的「業餘論命」的行家朋友，請他印證一下。過了兩天我再打電話問他：「看出來了沒有？」他回答說：「看不出來。」我告訴他鐵肩日主「壬辰」魁罡，年支「戌」與月支「卯」合「火」，雖然「辰」「酉」合金，但現行「戌」運，又是「甲戌」流年，而且年干甲木又生「火」，火勢太旺，魁罡又怕衝，怎麼不死？他才恍然大悟說：「啊！水都熬光了！」

我寫這兩件事，只是證明一件事：中國文化是宇宙觀的文化、全方位的文化，講的是宇宙自然法則，是最科學又富有整合功能的。宇宙涵蓋地球，宇宙觀自然涵蓋人文、人生觀的人際關係。可是漢朝那位好大喜功的帝王，卻排斥黃、老……和科學思想，獨尊一家之言，以致使中國逐漸淪落到今天這種地步。眞是冰凍三尺，非一日之寒。直到八國聯軍利用中國科學技術，發明洋槍大炮，打進北京，訂城下之盟，統治者又驚慌失措，由自尊自大，一變而爲盲目崇洋，見了洋人突然矮了三尺。我之拚老命寫出一百九十多萬字的長篇小說《紅塵》，也是基於這一原動力。

我們的老祖宗是在五千年以前就完全瞭解宇宙形成，發展的奧祕，不過直到老子才用文字詮釋得最清楚、準確。可是現在還有不少中國學人在曲解誤解這位偉大的先知。

西方科學家到現在也還在摸索，還不瞭解宇宙形成的奧祕。現在雖然發現了「頂夸克」，又邁出了一大步，但還未證明「頂夸克」就是老子兩千多年前所說的「小而無內」的宇宙構成的最小的基本粒子。至於老子說的「大而無外」，天文學家到現在也沒有弄清楚宇宙到底有多大？可是我們的先知老子知道，釋迦牟尼佛知道，耶穌基督知道，那些學佛學道修行超過三界以上的人也知道。道行愈高，知道得愈清楚。人到了那種等級，就與宇宙一體，與萬物一體，成為無所不知，無所不在的如來。我們的肉體只是一種載體，一種服飾，不是眞正的萬物之「靈」。

二十六、七年前我就在〈宇宙為心人為本〉、〈中國文化的三條根〉、〈中國文化的宇宙觀〉等拙作中一再強調中國文化的科學性和它的統合價值，認為復興發揚中國文化要靠天文學家、物理學家、化學家、數學家……不能靠那些對中國文化一知半解，和瞎子摸象、自以為走在別人前面的人。

現在科學家雖然還沒有完全瞭解宇宙的奧祕，但他們是在一步一個腳印的前進。他們對提升地球文明是大有貢獻的。但是作為地球上的人類，以我們老祖宗道家累積的知識，只要是有心人，一定可以叩開人類生命之門，瞭解人類生命的奧祕。因為人身一小宇宙，有宇宙自然法則可循。準不準？不但全在研究者的知的水準和判斷能力，也和被研究的對象個人的因果有關。如果是此生無功無過的普通人，生命磁場沒有改變，準確性就高；而一些大修行或有大功德、大罪孽的人，他本身的磁場已經或多或少地改變了，準確性就自然不一樣了。所以佛道高人不主張替人算命，因為一超過三界就超脫了因果關係，超過了宇宙自然法律。普通人都受定命定業的限制，才能運用宇宙自然法則推算出其吉、凶、禍、福，窮、通、壽、夭來。

《世界論壇報・副刊》八十三年六月一日（一九七四）

二○○七年一月廿五日重校於北投

紅塵一點墨名揚

墨人：屈原風骨中華魂

薩仁圖婭

他，華髮，但梳理得非常齊整，使人一見便可領悟其風範嚴謹，清癯的面龐透著活力，鏡片後面的一雙明眸，閃射著智慧的光亮，亮得有力。以其精力的充沛及步履的矯健、思維的敏捷，誰能相信這是一位七十三歲高齡的博士，並且是不辭萬里行程而來的呢！

墨人先生。中國當代最負盛名的作家、詩人，《秋水》詩刊的首席顧問，是榮獲美國國際大學基金會授予的文學博士、世界大學授予文學博士學位的人！我是並不欣賞也不輕易在一個名字前面加定語的人，但對墨人先生，不能不加上著名的，他當之無愧。

他的第四十五部作品是《紅塵》，長達一六〇萬字，臺灣頗有影響力的《新生報》竟連續四年刊載，不能不說創造了文學的奇蹟！

拜訪他那晚，他正在下榻的黑龍江省火電第三工程公司招待所裡津津有味地看著電視，電視螢光幕上是梅蘭芳戲曲金獎大賽實況轉播，陳小雲在唱《宋江殺惜》。墨人先生說自己是戲迷，他說京戲是國粹，是集文學、音樂、舞蹈、武術、戲劇於一爐的綜合藝術。

墨人先生精神矍鑠，恂恂儒雅，溫婉和煦，與之交談，如飲醇醪。

「文學是精神事業，與其他事業不同，不宜有功利觀念，更不能希望早晨種樹，晚上乘蔭。必須朝如斯，夕如斯，生死以之，成名易，成功難。一個作家寫了一輩子，著作等身，未必能留下一兩部作品。要想做一個作家，必須先有這種心理準備，默默耕耘，盡其在我，不死不休。」

「作家必須深入生活，多讀書，充實自己。更應有文學良心，不造文字孽。文學不是文字遊戲。作者自己不先流淚的作品，休想讀者流淚……」

他以對中國文化的獨到眞知與史識，將近百年來的中華民族苦難與人間世態，以生花妙筆，具體地呈現在讀者面前。

墨人先生在《紅塵》中提供給讀者的，除開是一個上溯義和團，迨及海峽兩岸骨肉隔絕、分散的龐大架構外，更包含著自由、關愛等情感與民族悲劇的凝聚，是傾注了他這一生的感觸與經驗的，書中滲透了墨人對中國文化精神的失落以及中國文化衰落的深沉思考。獲臺灣新聞局頒發金鼎獎及嘉新優良著作獎，評語是：「寫出近百年中華民族經歷諸種苦難與人情世態，篇幅鉅，包含廣，發人深省。」

寫《紅塵》，墨人先生是將「一生心血包括生命都投進去，拚著老命完成的」。每日上班工作十二個小時之後，又夜寫《紅塵》，每天僅僅有二、三個小時休息睡眠。一年下來，他痙攣，有了中風的徵兆，醫生說因為用腦過度睡眠不足所致，但他仍不分晝夜，長達一九〇萬字的鉅著，思如泉湧，打腹稿後一揮而成。血性文章血寫成，他寫人生萬象，寫人的精神，如何歸宿，包括宗教方面的探討以及中國文化何去何從的重新審視，是對整個中國文化有所交代，為社會增添一筆巨大文化財富。由於經濟發展，人們追求物質享受成為一種普遍心態，一些作家為大眾消遣的需要也有把持不住的現象出現，墨人先生頗為憂慮，他說：「當前文壇上花團錦簇的景觀，不是一個正常型態。」

他澹泊自甘，以為「文學作品，尤其是長篇小說，如果沒有深厚的思想基礎，必然流於淺薄，即使作者的寫作技巧不錯，也是金玉其外，敗絮其中，這是一般擅長創作而少學問的作者所不可避免的通病；徒有學問而拙於創作的作者，更容易把自己的思想觀念活生生地塞進作品裡去，寫出來的作品便易流於教條、概念，甚至可以看做另一形式的論文。」

探幽發微，史海鉤沈，他已著作《全唐詩尋幽探微》、《全唐宋詞尋幽探微》、《紅樓夢的寫作技巧》、長篇小說《白雪青山》等四十九部作品，已筆耕心織達一千餘萬字，榮列英、美、義、印度等國出版的《國際詩人名錄》、《國際作家名錄》、《國際文學史》、《世界名人錄》等三十餘種，爲中華民族贏得榮譽與光彩，同時中華民族傳統文化的深層積澱，給他以無限活力與創作素材。

墨人先生本名張萬熙（西元一九二〇年）生於江西九江。那年月正是夜色如磐的時候，我們中華民族倍受內憂外患，他一出生就注定了憂國憂民。六歲時他開始遍讀四書五經，十二歲正式上學，偏愛文史，熟記典籍，接下來便是縱橫學海，對佛家的「緣」、道家的「數」，以及《易經》中的宇宙觀和命相學都極有專研，當時「只知有文士、讀書人，不知道什麼是作家——作家也好，不是作家也好，反正都是別人加封的頭銜」。

書爲侶，伴著他度過了日寇入侵、軍閥內戰那段淒風慘雨的青少年時期，憑著一腔熱血，他投考了陸軍官校，從軍生涯過程中，精神層面的饑渴隨著生活層面的擴展而強烈，因此他藉著寫作尋求一個可傾吐依靠的活動，給內心一分寄託，因而以撰稿爲樂。

軍校畢業後，他從事新聞工作，時值抗戰初起，條件異常艱難，甚至今天不知道明天的死活，墨人在紙張匱乏之時，不管草紙、報紙，一到手就寫，竟有許多詩與散文是這樣創作出來，在東南戰區《前線日報》發表了〈臨川新貌〉、〈希望〉、〈路〉、〈評夏伯陽〉等詩文，自此一發而不可收。他用墨不贅，善用神來之筆，使描寫對象鬚眉畢現，呼之欲出。他說：「文學作品只論優劣，不分新舊。詩亦如此。新詩與傳統詩不應該一刀兩斷。傳統詩寫得好，新詩絕不會差，詩是語文的藝術，運用之妙，存乎一心。與其標新立異，不如在文學、哲學方面多下一些功夫，自能推陳出新。」「要想成為世界性的作家，必先成為自己民族的作家。」他的根始終深紮在中國的沃土上。

一九九〇年五月，墨人先生應大陸黃河文化實業公司邀請，作為期四十天的橫貫中國的文學之旅。「一夢五十年，我從春申江畔，直奔西子湖邊」，「乘波音七四七跨海而來，比乘黃鶴更快」，「只想清洗，一身的風霜，滿懷的隱憂」。他拜會了冰心、艾青、臧克家、汪靜之、賀敬之、周而復等文壇泰斗，與北京、上海、杭州、九江、武漢、西安、蘭州等地作家座談，就中華文化與文學創作坦誠地交換意見，並獲得眞摯友情與尊敬，廣州電視臺全程錄影，製作專輯播出。

大陸文學之旅的日子，墨人度過一個快樂的七十大壽誕。那天，管樺、張志民、鄧友梅、從維熙、孟偉哉、趙大年、雁翼等一批著名作家、詩人出席慶生會，戲劇家李維康、耿其昌夫婦也特來助興，書法家教育家李燕杰親書「壽」字留贈。

大陸行，墨人捧出《大陸文學之旅》。

墨人先生已有四十九部著作問世，可謂天心月圓，可他仍筆耕不輟。可謂德無量，藝海無垠，如月長輝，最近給筆者的信中說：「我寫《紅塵》乃爲中華民族歷史文化及全中國人民作證，非爲一己之私，更不圖個人名利。我已經是七十四歲，夫復何求？一生患難，幸而不死，能塡歷史文學空白，於願足矣……」

他的《紅塵續集》近日已出版，眞是老樹參天，崢嶸挺拔，仰之更高！

我無法寫出墨人的墨，也寫不完墨人的人，只好引他自己的〈丙寅生日〉七律，以表敬意：

投筆揚鞭五十秋，夢魂常擁大江流。
江州司馬青衫淚，靖節先生五斗羞；
姊妹峯前雲似錦，大屯山上月如鉤。
無欲無求身自在，不憂不喜一沙鷗。

本文作者簡介：薩仁圖婭，蒙古族女詩人作家，爲中國少數民族作家學會理事，遼寧省朝陽市作家協會主席，《作家天地》主編。本文刊載於一九九四年《作家天地》總十二期。

二○○七年一月二十九日墨校

滾滾紅塵一大儒

——簡說墨人及其創作世界

瘦雲王牌

輕輕攬轡，跨下座騎
一揚蹄，躂躂！躂躂！……
躍上國際文壇
與諾貝爾文學獎得主威廉福克納．蕭洛霍夫、
　拉革克菲斯特等世界名家
並駕齊驅　從此
國際作家傳記裡，世界名人錄
以及國際名人辭典上遂昇起了你的名字
熠熠生輝

算算該已五十年了　五十年來
從唐宋到明清，由孔孟到老莊
埋首典籍、設計和營造
中國式的瓊樓玉宇與畫棟雕梁
終於，乙丑冬至到壬申小暑
你以七二高齡
完成一座一九〇層級的宏偉巨構《紅塵》
於多次暈厥和瀝血聲中

——摘自拙著《雜詩雜吟》中華文化的踐履者墨人

一

民國四十四年秋天，我在臺南砲兵學校受訓，適逢《創世紀》詩刊創刊週年紀念，紀弦先生要我代表現代詩社赴左營向創世紀詩社致意——會後張默、洛夫、瘂弦和我，一同赴海軍廣播電臺拜訪時任副臺長的墨人先生。

我們在會客室等了一會兒。墨人先生由後面小辦公室走出來，含笑與四人一一握手，他示意我們落座後坐進一把大藤椅裡，詢問《創世紀》的發刊情形。語多關切。

墨人先生戴了一副淺淡色金邊眼鏡，態度和藹親切，一派文人風範，他知道我由前線回臺受訓，顯得很高興，囑咐應多保重身體，注意安全與健康，那時候他已經發表了一百多首新詩作品與不少散文和小說，其中〈最後的勝利〉、〈自由的火燄〉和〈哀祖國〉均為長詩。高雄百成書店並出版了《最後的選擇》短篇小說集。亞洲出版社也出版了長篇小說《黑森林》，並獲中華文獎會國父誕辰徵文長篇小說第二獎（第一獎缺）。

香港亞洲出版社，是當時海內外最具規模的出版社，出版的文學著作水準普遍很高。為臺灣作家出版作品的不多，墨人先生好像是第一位吧？由此可以想見《黑森林》的文學價值，不然他們是不會輕易出版的。早在民國四十二年，他就在高雄大業書店出版了三十多萬字的長篇小說《閃爍的星辰》。這是臺灣民間書店最早出版的一個長篇。這個長篇當時即震撼文壇。

二

自從拜見墨人先生以後，我並沒有繼續與他聯絡。原因是砲校受訓很快結束，重回前線，並進駐小金門最高點龍骨山，擔任對空監視與對廈門敵方砲陣地射擊指揮以及觀測作業，忙得沒有時間寫信，同時保密極嚴，信件也到不了臺灣。不過有關墨人先生的著作我大多拜讀過，如《魔障》與《孤島長虹》（長篇小說集），奧國維也納納富出版公司編選的《世界最佳小說選》中的短篇小說〈馬腳〉（選集中有諾貝爾文學獎得主威廉福克納、拉革克菲斯特等名家作品），而次年（五十一年）入選納富出版公司出版的《世界最佳小說選集》中的〈小黃〉（同時入選的尚有諾貝爾獎獎金得主蕭洛霍夫與大陸名作家郭沫若）也都閱讀過。可以說我算得上是一個墨人迷。

〈馬腳〉與〈小黃〉同為短篇小說，但主題與寫法完全不同，〈馬腳〉寫大陸鄉間扶乩作法過程被拆穿的趣事，極富地方色彩；〈小黃〉描述人與動物間相處的感情故事，筆法細膩，溫馨感人，是兩篇百讀不厭的文學作品。

也許是墨人先生不懂得自我推銷，也或許是我國文人一向相忌相輕，儘管他出版的作品已經很多，又先後兩次入選納富出版公司出版的《世界最佳短篇小說選》（國內作家有作品入選的僅蕭傳文女士，與馮馮先生各一篇），但國內各種獎項卻沒有他的分兒。甚至連中國筆會都不讓他加入（推薦入選墨人從不申請）。當時筆者身在軍中，又戍守前線，雖然感到納悶卻也弄不清箇中原委。而那時正是墨人先生家庭生活負擔最沉重的時候。在生活壓力下，他一面日以繼夜寫作，賺取稿費，一面養雞貼補家用，偏偏不懂養雞方法，在缺乏專業知識與抗病藥品下，一次雞瘟殺死了所飼雞隻，血本無歸，連賴以養家活口的稿費幾乎全賠了進去。墨人常說的他生平最艱苦的歲月是在臺灣度過的，指的就是這段時間。

三

在生活壓力與文藝團體幫派雙重打擊下激發了他的創作潛力，自五十一年以後，作品源源出籠，先後出版了《古樹春藤》（中篇小說）、《花嫁》（短篇小說）均爲香港九龍東方文學出版社出版。《水仙花》、《白夢蘭》、《洛陽花似錦》、《春梅小史》、《東風無力百花殘》與《中華日報》連載的二十五萬字長篇《白雪青山》（高雄長城出版社出版），以及省政府新聞處出版的《合家歡》長篇小說集。另外還寫了不少詩歌和散文，與十五萬字的《紅樓夢的寫作技巧》。是所有紅學專家都未觸及的紅學著作。他是當時多產的詩人作家之一。

創作之餘，墨人先生赴馬尼拉華僑文教講習會講授《紅樓夢的寫作技巧》及新詩課程一個月。同時，臺灣商務印書館出版了《紅樓夢的寫作技巧》和《塞外》中短篇小說集。前者已暢銷十版，迄今仍長銷不衰。

《紅樓夢》無疑是我國偉大文學名著之一，研究、考據的人很多，有的還以「紅學專家」一名世，大家在考證上字斟句酌，甚且大打筆戰，彼此撻伐，墨人獨指《紅樓夢》是文學創作，故事情節與人物塑造，均係作者匠心獨運而生，後人應該了解如何接受、欣賞這部寶貴的文學遺產，考證張三是誰？李四是誰？乃至晴雯的頭髮如何？對文學創作毫無益處（另外他還修訂批注《紅樓夢》，並定名為《張本紅樓夢》，但他從不以紅學家自居）。

這的確是一種創見。可以說道前人所未道。由此看來，墨人先生不但是詩人和小說家，也是難得的文學理論家。筆者用〈滾滾紅塵一大儒〉爲本文題目，想是可以邀得愛好文學的人士所認同的。

四

自五十五年以後，商務印書館與小說創作社，分別出版了墨人先生的短篇小說《塞外》、《青雲路》與《變性記》以及長篇小說《碎心記》與《靈姑》，水牛出版社出版了散文集《鱗爪集》、幼獅文化事業出版公司出版了長篇小說集《龍鳳傳》、聞道出版社出版了散文集《浮生集》、學生書局出版了短篇小說散文合集《斷腸人》、中華書局出版了《墨人自選集》五大册，共約一五〇萬字。他一直創作不輟，且朝多面化發展，《易經》、《道德經》、命學與佛學皆有深入研究。他曾向我提出警語，指我六十歲時會破財，要我遠離是非，莫近紅粉。當時我並沒有放在心上，誰知果不幸而言中。六十歲時我不但破財，且罹患了一種查不出原因的頭暈症，常常摔倒，跌得頭破血流而多次緊急送醫。目前，頭暈症雖然大部痊癒了，但八位數字新臺幣被倒，使我畢生心血化爲烏有，還差一點身繫囹圄，幸好不是紅粉情劫，沒有留下後遺症，也算不幸中的大幸。

由於墨人先生著作甚豐，表現傑出，於一九七三年列名英國劍橋國際傳記中心出版的《國際詩人名錄》與正中書局出版的《中華民國文藝史》，次年又列名該中心出版的 *Men of Achievement 1976*。並應 I.B.C. 邀請在三月間赴義大利翡冷翠出席國際文藝交流大會。會後環遊世界。在旅遊中完成了《歐洲心影》組詩和遊記。而在《中國時報》發表的〈中國文化的三條根〉及《新生報》發表的〈文藝界的『洋痟瘋』〉等有關我國文化思想的論文，震撼了當時的文藝界，也進一步得罪了不少人。除了不讓他有得獎的機會，更欲切斷各報章雜誌發表作品的管道。

他的遭遇與「天馬畫派宗師」葉醉白將軍的境遇相似。葉大師創新的潑墨畫馬，稱得上唐宋以後第一人，馳名中外。美國電視臺特別爲他錄製的《天馬影集》在一個月內前後放映達三次之多，觀衆數千萬，但在國內卻遭到把持「中國美術協會」人士的嫉妒，不但每年出版的《年度書畫專集》中沒有他的作品入選，連國立藝術館的年展也少有他的作品出現。即使偶爾有一兩幅作品參加，也都是早期送給人家的作品，且懸掛在會場一角，聊備一格。

同樣的，墨人先生也從來沒有得過公家設立的文學獎項，因爲從來沒有人推薦，即使推薦了也會中途遭到封殺，被判出局。而他自己又不主動爭取，更不走小道後門，當然就與「獎」無緣啦！

墨人先生與葉醉白大師二人，都具有我國讀書人不同流俗的氣節和風骨，不忮不求，只知埋首創作，勤研文學和繪事。六十七年他完成了長篇傳記小說《詩人革命家胡漢民傳》之後，又列名英國劍橋國際傳記中心出版的《國際名人辭典》、《國際知識分子名錄》、《國際名人翦影》與《國際社會名人錄》四種名錄。以及中華書局的《中華民國當代名人錄》與行政院新聞局編印的英文版《中華民國年鑑名人錄》。於是便有人吃味兒了，說什麼這些名人錄只要花點登記費就可以列名，沒甚了不起。殊不知以上這些名錄都是人家自動、多次徵求墨人意願後才登錄的，並非他主動爭取。據筆者所知，國內很多人想盡辦法爭取也爭取不到，詩壇上就有好幾個人先後透過管道自我推銷，結果都未能如願而氣得跳腳，大吐國罵呢！

五

跟葉醉白大師一樣。墨人先生儘管蜚聲文壇，揚名國際，但很少停下手中那枝筆，《心猿》（長篇小說《紫燕》易名）、《哀吉米．卡特》（長詩）、《山之禮讚》（詩集）、《心在山林》（散文集）、《墨人散文集》以及散文、詩與傳記等作品（篇）相繼出版。

同時，又撰寫《山中人語》與《浮生小記》等專欄在報章雜誌上連載。眞讓我懷疑他哪裡來的時間和精力（他本職為國民大會資料組主管），不但如此，每周還風雨無阻的攀登山林，前後達十數年之久，身體之好和腳程之健，一般人很難跟得上他的速度。剛才說過，筆者由於患了頭暈症，久病不癒，也查不出原因，曾試著跟他一起爬山，欲藉山林洗禮減輕病情，然而兩三次下來都遠遠落在後面，還得勞他停下腳步等候；及至趕上，早已汗流浹背，氣喘如牛，好不慚愧。

名與利，你我一般人都很難割捨，有人想盡種種辦法爭取而不可得，有的人視同流水而名卻自動送上門來，擋都擋不住。墨人先生就是後者。英國劍橋國際傳記中心又將他列入《傑出男女傳記》（附有照片），美國 Marquis 公司一九八二～一九八三年出版的《世界名人錄》亦將他列名其中。義大利 Accademia Italia 一九八二年並授予他「文學功績證書」。

緊接著臺灣商務印書館出版他的《山中人語》與《論墨人及其作品》（上下兩冊），稱頌他的作品與爲人風範。江山出版社出版了《三更燈火五更雞》和《花市》兩本散文集。

義大利 Accademia 出版的英、法、德、義四種文字的《國際文學史》及《百科全書》；當代人物》兩書，皆將他的大名和文學成就編入書中。這不能不說是一項殊榮與肯定。

六

墨人先生不但新文學著作極豐，傳統詩詞創作與研究亦復不少，如《全唐詩尋幽探微》（附墨人絕律詩集）、《全唐宋詞尋幽探微》（附墨人詩餘），共約四十萬字，兩書析論精闢，生動活潑，使我這個不懂傳統詩詞的人，讀來亦覺興趣盎然，愛不釋手。這兩本尋幽探微的古典詩詞專著。均由臺灣商務印書館出版印行，目前依舊長銷中。值得各大專院校相關科系師生及愛好新舊詩詞的人士閱讀欣賞。

前述兩本專著，對傳統詩詞的詮釋立論，見解獨到，評論中肯，照理說應該由大專院校相關學系教授寫出，如今卻由新文學創作者墨人先生獨力完成，更具有特殊的意義和價值。

民國七十八年，墨人先生六十九歲，臺北大地出版社三版他的長篇小說《白雪青山》。從六十六年至六十九年這三年當中，墨人先生又榮列美國 A.B.I. 出版的《世界五千名人錄》（5000 Personalities of the World）及英國 I.B.C. 出版的《國際作家名錄》（International Authors and Writers Who's who）兩書。設立於美國的艾因斯坦國際學院基金會（Albert Einstein (1879–1955) International Academy Foundation）、世界大學（World University）以及 MGS「國際大學基金會」分別授予他榮譽文學博士及榮譽人文學博士學位。其中艾因斯坦國際學院基金會授予的人文學博士更涵蓋了文學、哲學、藝術與語言四大領域，具有更崇高的榮譽地位。

而英國劍橋國際傳記中心出版的《奉獻》（Book of Dedications）更以五頁巨大篇幅配合多幀生活照片，介紹他五十年的文學創作生涯。I.B.C. 並授予銀質勳章，且禮聘為 I.B.C. 副董事長。以上諸多國內外學術機構之所以如此重視他並禮聘他擔任崇高職務，足見墨人先生文學創作地位崇高，實至名歸。他是一位只問耕耘，不問收穫的作家和詩人。

大陸方面有很多作家和詩人則稱他為學者作家。

七

爲了完成蘊藏心中十多年的一部長篇小說《紅塵》，墨人先生放棄了國民大會待遇優渥的主管工作，毅然提前退休。《紅塵》由七十三年端午節日起開始撰寫，除退休前的上班時間外，平均每天撰寫十數小時，到七十四年十二月二十三日完成，八十一年一月五日又接寫續集，六月十日完稿，合計一九〇萬字（按照頁碼計算應在二〇〇萬字以上）其中並有絕律詩（聯）三十多首。詩（聯）皆由書中情節衍生而來，增加了《紅塵》的可讀性，更增加了《紅塵》的新古典風貌，紅花綠葉，相得益彰。這是墨人先生的博學與成功之處，他能創作古典詩詞，且將詩詞與書中情節和人物融合得天衣無縫，令人擊節！

由於過度勞累，墨人先生在寫作《紅塵》期間暈厥多次，幾無法繼續下去，所幸基於對中華文化的使命感，以及對文學的執著與愛好，不讓心願中途破滅、心血白費，他一面吃藥打針，一面依舊筆不停揮，照既定的速度撰寫完成。筆者爲他的精神效力所感動，乃不揣譾陋寫了文首那首詩〈中華文化的踐履者墨人〉。並收入拙著《雜詩雜吟》之中，以表敬意。

有人指出，《紅塵》故事優美，背景也很中國，對話幽默風趣，語言精鍊典雅，情節曲折有緻，借人物個性不夠鮮明突出，減低了藝術效果。

說這些話的人可能沒有看完全書，或者沒有悟出主題所在。基本上，作者用精鍊的語言文字與對話來敍述故事，鋪展情節，伏筆千里，暗流洶湧，粗心讀者不易察覺，明眼人一看便知。這跟只講求表面尖銳對立，或畸型懸疑寫法的作品不同，與那些「得不到即將之毀滅」的幼稚心理更不可同日而語。全書以一個大家族的恩恩怨怨，與衰榮枯，反映出大時代的遞嬗變遷，娓娓道來，如老友西窗夜話，親切而溫馨。而書中人物對話時的暗藏機鋒及幽默風趣，常令人莞爾。尤其男主角結尾時隱入山林，有如神龍見首不見尾，就是小說中的高超手法，讀者可以任意尋思探索，有廣大空間可以馳騁想像，跟詩詞一樣，是一種含蓄美，否則一覽無遺，等於喝白開水，有何餘味可言？

一位寫評論的朋友對我說，一篇小說的成功與否，人物個性決定一切。這種立論對短篇小說或可言之成理；因爲短篇小說只要抓住某一現象發揮，或許可以達到某種效果，但長篇小說尤其是大長篇就有商榷的餘地。因大長篇要有寬廣的背景和優美的故事架構，才能將人物言行個性加以規範，否則漫無限制必會失敗。《紅塵》與《紅塵續集》是以我中華文化爲經，以歷史遞嬗爲緯，透過新舊交替的社會、傳統與現代併處以及大家族的恩怨情仇匯集而成，有如黃河天水，奔騰而下，人物是天水中的澎湃浪濤，如果沒有好的故事架構作爲兩岸堤防規範引導，洶湧澎湃浪濤隨時會沖垮堤岸而泛濫成災。所以，《紅塵》中沒有剛烈如猛張飛、或陰惻如曹孟德一類人物出現，目的就是要保持《紅塵》爲一部純正典雅的文學作品，而不是偵探、武俠或社會言情一類的大雜燴。

四、五十年來，坊間流行的所謂新鴛鴦蝴蝶派作品，與乎反社會倫理、反人性與國家等一類新小說，以及等而下之的情欲文學，大多受了人物個性的宰制。書中人物完全要使個性，不受社會規範約制，不聽家人親友規勸，更不顧對方處境感受，自私自利，恣走極端，結果不是害了別人就是毀了自己。日久月累，造成社會大眾心裡所想的「只要我喜歡，有什麼不可以」自大狂，於是打、砸、偷、搶，爾虞我詐，無所不用其極。

所以，《紅塵》以優美故事和曲折情節爲架構，用精鍊典雅語言文字鋪陳推展，少有粗鄙低俗對話，沒有煽情與虛誇，更無爾虞我詐、勾心鬥角的陰狠之徒；尤其情節轉折、場景營造多采多姿，令人目不暇給。這是一部揉合了我中華文化、社會倫理及孝悌忠信於一爐的傑出作品，也是劃時代的文學鉅獻。是中華文化的無價瑰寶。

八

在我國，一般作家到了六十多歲以後，大多成停筆狀態，少有作品發表，即使偶爾寫點東西也都屬消閒性文字，墨人則不然，他寫《紅塵》時已經六十五歲了，寫《紅塵續集》已經七二高齡，並在這兩個大長篇完成後還應邀訪問、考察馬來西亞、新加坡、泰國、菲律賓與香港等東南亞國家和城市，參加高雄舉辦的第七屆中韓作家會議及臺北市召開的抗戰文學研討會。而且應大陸黃河文化實業公司邀請，到北京、上海、杭州、九江、武漢、西安、蘭州等地作四十天的《大陸文學之旅》，廣州電視臺全程採訪錄影和製作專輯播出，觀衆無數，返臺後即撰成《大陸文學之旅》專書，交文史哲出版社出版，可謂馬不停蹄，健筆不歇。最難得的是，墨人先生前次的大陸訪問期間，堅持不到官方機構拜會，或會見政要，到武漢時，湖北統戰部長派車接他到餐廳歡宴，中途卻開進政協才對墨人說政協主席想和他見面談談天，墨人不下車，對他說要談話可以到餐廳談，統戰部長無奈，只好和政協主席一起到餐廳去會面。

一九九〇年到絲綢之路訪問時，接待單位安排甘肅省賈省長和他見面，他亦過門不入；接待人蘭州某報胡總編輯未經他同意安排某市長插隊跟他合照，並出席座談會，一經介紹，等某市長致詞後，他即義正辭嚴地直斥該胡姓總編輯數分鐘，該總編輯默然無語。與會者面對此一狀況，既錯愕又肅然起敬。在北京，某中央政要亦有意要見他，經雁翼先生技巧地代爲婉謝了。當時的文化部長賀敬之和夫人是以詩人名義在家中歡迎他，喝茶聊天。這些事情要是換了別人，必定受寵若驚，乘機造勢宣揚而自我貼金，墨人先生卻很少向人提及，他這種堅持原則，毫不妥協的個性與風骨，是眞正讀書人的典範，值得我們尊敬。

一九九二年一月五日，墨人先生已經七十二歲仍然著手撰寫《紅塵續集》，六月十日脫稿，共計四十餘萬言。爲求續集更具可讀性，對書中人物和情節，以及故事安排再作多元化處理，較之《紅塵》上中下三册費了更多的心思，因而情節更爲緊湊曲折，對話尤富哲理禪思。中國廣播公司「中廣小說選播」節目原先已於八十一年十二月一日開始選播《紅塵》上中下三册。導播爲才女戴愛華小姐，集該公司播音菁英作盛大「演出」，而《紅塵》靈魂人物龍老夫人一角由播音界元老、人稱廣播界老教主的白銀女士飾演。其餘演員亦皆一時之選。由於大家通力合作，效果奇佳，是中廣公司小說選播以來最成功的播出之一。《紅塵續集》出版後原預備續播，惜該公司讓出頻道，無法播出。臺北電臺則於八十四年一月十日起繼續選播《紅塵》全書四册，每天播出兩次，上午十一時三十分至十二時，下午三時三十分至四點正，在該臺一一三四千赫頻道播出。中廣與臺北電臺的投入大量人力和物力，在只講求所謂輕薄短小或煽情作品的今天，實在值得眞正愛好文學人士的欽佩和肯定。

此外，黎明文化事業公司出版了他的《小園昨夜又東風》散文集。《紅塵》上中下三册除獲新聞局著作金鼎獎及嘉新優良著作獎外，香港廣大學院並續聘他爲中國文學研究所客座教授。他的故鄉九江師範專科學校自一九九〇年一月起至一九九九年十二月止，以十年長期聘書聘他爲兼職教授，該校季刊並闢有《墨人研究》專欄。與《陶淵明研究》、《黃山谷研究》專欄並列爲三大專欄。湖北武漢「當代作家代表作陳列館」闢有「墨人作品專藏室」。這是大陸方面第一個爲國內作家設立的專門作品研究室。

對岸經濟條件目前來說較我方略差，但文學人才濟濟，他們對文學家的尊重和肯定，實在值得吾人反省與深思！

九

黨國元老張公岳軍前輩說過一句名言：「人生七十方開始。」用在墨人先生身上十分貼切而契合。一九九三年十月分，他以七三高齡偕同「秋水詩刊」詩社同仁一行，冒寒冷氣候到大陸哈爾濱、北京、西安三大都市與當地詩人座談交流，大陸方面也都安排盛大歡迎會與座談會，隆重接待，每次座談重頭戲都落在墨人先生身上，他即席回答諸多問題。由於問、答深入廣泛，討論熱烈，兩岸詩人因而建立了深厚友誼。隨後他又隻身訪問昆明及探親，與昆明作家協會主席曉雪、八十多歲老作家李喬、小說家張昆華以及大學教授、各報社副刊主編和理論家見面。他對我國少數民族文學也有深入的了解。十二月份，《紅塵續集》由臺灣新生報出版，與《紅塵》分裝成四巨册，近兩百萬字之譜。墨人先生說一生心血願望得以實現，眞感如釋重負，內心十分輕鬆愉快；不過也留下頭暈耳鳴的後遺症，久治不癒。以致原先計畫撰寫的《全宋詩尋幽探微》，以及計畫再寫一部結合人生觀、宇宙觀、提昇人類文明與娑婆世界爲淨土的長篇小說因而延遲下來。他笑說：「大概是老天爺要我休息休息一下吧？」

爲了積蓄更好的體力和精神，墨人先生茹素多年，他說茹素可以讓人頭腦清新，思路敏捷，且有接近我佛與增加靈慧、下筆有如神助之感。前不久，他勸我最好也吃素，說不定靈慧重綻，也可以寫出一部大長篇咧！

墨人先生對易經素有研究，對道德經和佛學尤有心得，加上對傳統文學和詩詞深厚的造詣與新文學的浸淫修爲，相信以後必有更不凡的表現。希望他早日康復，順利完成我國文學史上十分重要的兩部巨著，爲後代子孫留下寶貴的文學遺產。在此，筆者要大聲疾呼：主管文藝政策的高官大人們！這樣一位畢生爲文學獻身，爲中華文化努力不懈且成就卓著的文士大儒，趕快禮賢下士吧，不要等到他人先一步贈獎了再「錦上添花」

就毫無意義了。屆時，現在大權在握，私心自用的人將何以自處？何以心安？又將何以向歷史和後世子孫交代！

十

今年春節前夕，接到墨人先生寄贈的《墨人半世紀詩選》（文史哲出版社），二十五開本四百頁，蒐錄他自一九四二——一九九四、五十二年間的新詩作品一七〇首，以及多幅珍貴照片。書前有作者自序及中、英對照小傳，後有著作年表與〈第十五屆世界詩人大會〉專題論文〈新詩與傳統詩詞的整合〉。編印精美，篇篇可讀（筆者另有長文評介），是一本極具文學價值及收藏紀念的巨型詩選集。由附註中得知，《紅塵》前五四章近七十萬言，早已由大陸黃河文化出版社出版了（香港登記深圳發行）。北京中國文聯出版公司於一九九二年也出版了他的長篇小說《也無風雨也無晴》（春梅小史易名）、一九九三年四月份出版了《紅樓夢的寫作技巧》、一九九四年九月北京羣衆出版社出版了《小園昨夜又東風》散文集。並發排了墨人費時多年精心修訂批註的《張本紅樓夢》（編者按：墨人本名張萬熙、此書已改由湖南出版社出版精裝本兩巨冊，一萬一千套。）。有些作品臺灣原本都出版過，有的一版再版，大陸方面購買力也不是很高，他們願意重新出版發行，足見這些作品必有他的價值在。

不然，站在行銷立場來說是不可能如此經營的。尤其是《張本紅樓夢》這種大著。

自從大陸政策開放以來，臺灣作家和詩人常有作品在大陸出版，或者有作品在大陸各報章雜誌與選集中出現，連我這個學文不成的人也有不少詩文和詩作先後亮相，然而像墨人這種多量、純正文學作品的不多，到現在為止恐怕還沒有人打破紀錄。而且他不像其他人士四處宣揚。以筆者平日注意墨人先生行誼，及對他著作癡迷的程度也難蒐集到上列訊息，由此可以想見他為人如何自謙自持了。筆者敬佩之餘，特不計譾陋以〈滾滾紅塵一大儒〉為題寫了這篇報導，文前所引用的拙詩。是想藉此讓讀者對墨人先生的為人和創作世界有一概括性的瞭解。當然也有勾勒他文章道德的用意。

尾語

綜觀墨人先生五十多年的創作生涯，可以用馬不停蹄，筆不停揮來形容。他為闡釋、維護和發揚我中華文化，嘔心瀝血，無日稍懈，即使目前腦部染有疾患，依然念茲在茲為文學創作而努力。目前每日還為報紙撰寫專欄〈紅塵心語〉不歇。值得愛好文學的我們衷心感激，永誌不忘。

過去，筆者在訪問天馬畫派宗師葉醉白大師時曾經說過：「諾貝爾」並非高不可攀。我們爲天地立心，爲生民立命，爲往聖繼絕學，爲萬世開太平的博大精深文化思想，可以涵容一切學說和派別，問題是如何推介宣傳？讓人知道。鄰國印度、日本和對岸大陸，如果他們沒有作計畫性的推介宣導，或利用駐外單位與商社作多方面推廣，泰戈爾與川端康成兩位先生是否能獲得「諾貝爾」獎恐怕很難說了。對岸大陸前兩年也差一點抱個「諾貝爾」回去。反觀我們，我們做了甚麼？瑞典連我們作家的名字都不知道，他們如何將「諾貝爾」送上門來!?

據聞，我文化主管官署，早在兩年前已在進行我國古典文學與現代創作翻譯計畫，且已補助了《家變》等幾部小說的翻譯費用，卻把《紅塵》排除在外。這樣一部劃時代的文學鉅構，我們怎麼能夠因爲一點翻譯費將之排除在外而不聞不問呢？這種作法，對作者是一種不敬，對中華文化更該是一種褻瀆與傷害。如果主其事者存有異心那更應遭到譴責和撻伐。

在我國，從事純文學創作的人，雖然不致三餐不繼，寅吃卯糧，但比兩袖清風强不了多少，如果要他們自己找人翻譯出版，再向有關單位申請補助，不啻刻舟求劍和緣木求魚，永遠得不到結果的。

根據筆者四十多年來讀過的小說著作，能全面的將我中華文化思想與大時代脈動交互熔鑄的，恐怕只有《紅塵》和《紅塵續集》這大長篇了（本書故事情節、人物個性及思想主題皆前後相連共成體系），可以說是競逐「諾貝爾」的「重量級」選手。

是的，近幾年來，「諾貝爾」或許染有部分政治色彩與重歐輕亞傾向，過程不是那麼純正，但所幸只是部分，更不會永遠如此。隨著資訊日益精進，交通日益發達，極權崩潰瓦解；隨著世人視野日益擴大，人類共存共榮日益密切，「諾貝爾」的評審遴選，勢必公正而超然，不然，「諾貝爾」也就不成其「諾貝爾」了。她與我們的各種獎項也就相差無幾啦！

一九九五年四月一日臺北

原載一九九五年十月五日至八日臺北市《世界論壇報》副刊

墨人注：《紅塵》精裝本已於二〇〇四年由巴黎文藝書局出版，為所未有的豪華典雅的巨型版本。至於「諾貝爾」文學獎亦是一般政治性的獎品罷了。

墨人的文化觀與文學觀

——隔海問答錄

陳　忠 V.S. 墨人

當代著名作家墨人（張萬熙）先生，四十年前，離開故鄉九江去了臺灣，陸續出版了詩集、小說、文學評論集近五十種，多次榮列《國際詩人》、《國際作家》名錄，其人其文在海內外享有崇高聲譽。由於歷史的原因，墨人先生的著作未曾在大陸出版發行，所以大陸的人們對墨人十分陌生。可喜的是，隨著改革開放的深化、海峽兩岸文化文學交流的加强，墨人先生的長篇巨著《紅塵》、《白雪青山》及《春梅小史》，文學理論專著《紅樓夢的寫作技巧》和《張本紅樓夢》，將由北京的文聯公司和其他出版社排印，有望在大陸近期陸續面世。（註）

筆者有幸先睹爲快，拜讀了墨人的長篇小說《白雪青山》、《靈姑》、《江水悠悠》、《鳳凰谷》、《墨人短篇小說選》和《第二春》，及新近巨著《紅塵》和《大陸文學之旅》等，對這位故鄉的大作家便有了初識（有趣的是：現在我們常在墨人的頭上戴一頂「臺灣著名作家」的桂冠，連他本人也感到警拙）。日前，筆者隔海發問，請墨人先生就其創作的若干問題闡述高見；很快，我們收到了墨人的隔海答問。現將墨人的「隔海答問」敬錄在此，以饗讀者。

問一：墨人先生，我有幸讀了您一部分大作，被您筆下的人、事、情、理、趣所吸引、所感動。請問您是怎樣走進文學之道的？幾十年的文學生涯，感受最深的是什麼？

墨人答：我走進文學道路的原因有兩個。一是我初入社會時是從事新聞工作，接觸文學的機會多；二是天生的興趣。我自幼即好文學，沒有任何人指導我、影響我，完全是自己鑽進文學的。以我個人的環境和時代的環境而言，都不容許我走這條路，但是我默默地走了四十多年，在這條路上，我遭遇外來的打擊太多太多。雖然充滿挫折感和無奈，但我是一個經得起打擊，不受人左右的人，更不俯仰由人。我自有定力定見，所以我也無怨無悔。

在這四十多年中，我感受最深的是中國文化、文學的墮落，民族自尊心、自信心的喪失。唐朝詩人司空圖的〈河湟有感〉七絕：「一自蕭關起戰塵，河湟隔斷異鄉音。漢兒盡作胡兒語，卻向城頭罵漢人。」這首詩我深有同感。但是我覺得光是一首詩不足以表現我所處的時代，因此五十歲時我就決定要寫《紅塵》（當時並未定書名，只是一個動機、概念）。所以我從庚子年八國聯軍揭開《紅塵》的序幕。但是《紅塵》不局限於此，《紅塵》的架構很大，它深入描寫衆生相，涉及歷史、哲學、科學、宗教乃至宇宙奧祕的探索，從人生觀提升到宇宙觀。在《紅塵續集》裡，我有具體的交代。但是這部書的原動力是來自我對中國文化、文學的體驗和熱愛，二者缺一便寫不出《紅塵》，頂多只能寫《河湟有感》。

我是拚了老命來寫《紅塵》的，其中的艱難辛酸一言難盡。當時沒有人不認爲我是一個傻瓜，有些人甚至存著看笑話的心理。因爲即使寫成了，也不可能發表出版。而《紅塵》發表出版之後，由於反應很好，扭轉了二十多年來短、小、輕、薄的商品文學歪風，便有不少人借著開會、甚至在報紙副刊上發起作家寫文章再提倡「極短篇」來公開打擊。但我不在乎任何打擊。我已經寫出來了，而且又完成了《紅塵續集》，盡了我的責任，讀者也有共鳴。雖然在這個工商業社會，我得到的報酬微不足道，但我無愧於心，無愧於作一個中國人，一個中國作家。我盡了我的本分。這是我寫作[redacted]十[redacted]年來感受最深的一點。

問二：從《白雪青山》、《紅塵》等長篇小說裡，我們常常欽佩您的文化氛圍。中國傳統文化與現代文明的連接，中國文化與西洋文化的溝通，您處理得很好。請問在商品化大潮中，您是怎樣「合潮」而又不「入俗」的呢？

墨人答：謝謝過獎。我始終認爲文學不是文字遊戲，更非商品。文學也不是天上掉下來的東西，它必須深深植根於文化。沒有文化，就沒有文學。作爲一個現代的中國作家，不但要深入瞭解中國文化，也不能不瞭解西洋文化，否則無法作價值判斷，也談不到「連接」與「溝通」。當然文學創作比寫論文困難太多，「合潮」不易，不「入俗」也難。俗話說：「狗嘴裡吐不出象牙。」中國文人也有一句「文如其人」的古話。瞭解這兩句話正反兩面的含意，便思過半矣。至於創作技巧方面的事，我在《紅樓夢的寫作技巧》一書中，及正在大陸排印的《張本紅樓夢》中，有很多的具體說明、分析。

問三：在您看來，中國的文學創作走勢會呈現怎樣一個狀態？現時的文學創作怎樣出現高品位？怎樣才能走向世界文學的殿堂？

墨人答：以臺灣來說，工商業化後文學也隨之商業化。大陸文學今後也可能受到商業化的衝擊。但大陸和臺灣不盡相同。臺灣是在受了日本人五十年的統治之後，接著又受美國的功利主義、個人主義、速食文化的重大影響，毫無免疫能力，有似乎月亮也是美國的圓的意味。大陸中國文化的根自然深得多，無論學者、作家，中國墨水喝得都不少。商業化的衝擊雖然難免，但還有判斷能力，應不致動搖中國文學的根本。至於現時的中國文學創作怎樣出現高品味？我想除了作家本身多讀書、多體驗生活、提高自己的品味之外，客觀的創作、發表、出版的條件是否能夠配合？則是最大關鍵。作家不是超人，讀者不必苛求，何況高品味的作品向來並不太多，不是像美國漢堡那樣容易出爐。《全唐詩》、《全唐宋詞》、《全宋詩》中「高品味」的作品也不成比例。小說更難。如曹雪芹、吳敬梓、施耐庵、吳承恩、笑笑生等，都是百年乃至數百年難得一見的巨擘高才。但我相信，只要假以時日，不縛手縛腳，大陸作家一定能寫出高品味的作品來。

至於怎樣走向世界文學殿堂？首先說明，我對中國文學向有信心。中國作家文得天獨厚。唐詩宋詞不必說，全世界到現在還沒有一部小說超過《紅樓夢》。只要中國作家不抱著金飯碗討飯，不盲目崇洋，寫出眞正的中國文學作品，世界文學的殿堂就在中國。何必外求？

但最近三、五十年內的情況是，如果有了眞正能代表中國文學的作品，而以文學以外的原因，不主動翻譯成外文，外國人也是看不懂的。何況即使譯成外文，也會失去不少原作的神韻，那當然就拿不到諾貝爾獎。大概在這半個世紀以內，一般人還是會以諾貝爾獎作爲衡量的標準，而這個標準對中國作家是很不公平的。

如果中國人能辦一個比諾貝爾獎更權威、更公平、公正的文學獎，那世界文學殿堂自然會移到中國來了。臺灣工商企業家早有此經濟能力，但他們不會作這種事。張敏鈺先生創辦的嘉新文化基金會已經是很難得的了。大陸短期內恐怕還不易產生在全世界排名十五名以內的大富豪。如果眞有那一天，但願哪位未來的富豪能辦一個勝過諾貝爾的文學獎，以示泱泱大國之風。世界文學殿堂也自然建立起來了。不過所謂世界文學殿堂也是表象，文學作品最重要的還是作品本身的不朽價値。這才是永遠不能否定的，這才是作家應該追求的目標，諾貝爾獎無關宏旨。

問四：從許多作品中，看到您對故鄉廬山、九江之情、之愛，筆下的廬山、九江太美了。一個作家應該怎樣表現地域風情呢？您離開故鄉四十餘年了，這種戀鄉、戀土之情為何割不斷呢？您是否在有意無意構建一個「廬山九江文化」系列小說呢？

墨人答：俗話說：「美不美，故鄉水；親不親，故鄉人。」「金角落，銀角落，不如故鄉的鋼角落。」何況故鄉九江擁有長江、廬山、鄱陽湖三大優勢條件；域內又有甘棠湖、南門湖、山水之勝，古蹟之多連瑞士日內瓦亦難相比。杭州西湖亦缺少長江、廬山、鄱陽湖三大條件陪襯。

我的「故鄉情結」不無原因。一個人如果不愛自己的家、不愛故鄉，又怎麼會產生愛國情操？雖然我流亡海外四十多年，我還是割不斷這種「故鄉情結」。因爲愛之深，所以我筆下的九江、廬山和別人寫的不大一樣。

至於「怎樣表現地域風情」？先要看作者愛得深淺、瞭解得深淺。而我並非有意寫「廬山九江文化」系列小說，我的小說是著眼於全中華民族乃至全人類的，是以人性爲基點。但我一寫到九江廬山，自然會表現九江廬山文化；我寫中國，就表現中國文化；我寫日本，也表現日本文化（如《紅塵》中的加藤中人和川端美子，他們雖然是漢學家，但他們還是日本人）。雖然我有廬山九江情結，可惜廬山已今非昔比。九江自陶淵明以後，也沒有再出現過不朽的詩人作家。白居易雖不是九江人，但他一任江州司馬，一首〈琵琶行〉，也使潯陽與他同在。九江有優厚的文化資源，名山勝水，可惜現在文風不盛，應該在人才和文風的培育方面多加努力。如果拙作《紅塵》、《白雪青山》、《靈姑》、《江水悠悠》、《鳳凰谷》等一系列長篇小說都能在大陸出版發行，可能有助於「廬山九江文化」的建立。身爲九江人（只是我已被視爲「臺灣作家」），我自然樂觀其成。

問五：讀了您的幾部主要長篇，發現一個特點，就是「敘」少而「說」多，幾乎可稱作「對話體小說」。對話多而又不使讀者感覺膩味，很不容易。在創作中，應怎樣靈活運用「敘」與「說」？怎樣使「對話」個性化？

墨人答：寫小說人物最有效的手段是利用書中人物自己說話。我們中國人說「言爲心聲」。西方小說家多用「敍」，那是隔靴搔癢。何況中國語彙特別豐富，文字又十分優美，不論古話或白話，都是小說家最好的工具，就看作家會不會運用？我國作家曹雪芹最會運用。現代作家多不會用，又不善於創造語言，所以難有《紅樓夢》那樣的作品。語言、文字是文學創作的利器，作品的好壞全看作者功力的高低和文化素養。創作是一大難事，非三言兩語能盡也。

問六：講到創作，常聽見一種頗為流行的說法，就是「青年人鍾情寫詩歌，中年人戀情寫小說，老年獨情寫散文」。請您談談對這種「寫作情結」的看法。

墨人答：我不同意老年人喜歡寫散文的說法。那三種說法都是皮相之見。老年人閱歷豐富，智慧成熟，寫什麼都與青年、中年人境界不同，而更有深度。有些人不到中年就「江郎才盡」，那都是因為不認眞生活、不用心讀書之故。老年人只要能注意保養身體，到一百歲照樣能寫，而且愈寫愈好。我個人認為大長篇最具有挑戰性，最難寫也最能表達人生、紅塵萬象，乃至宇宙奧祕。詩歌、散文、中短篇小說，都不足以當此重任。人生不到七十還不夠成熟，也不足以當此重任，能寫二三十萬字的好長篇也就不錯了。《白雪青山》是我四十歲時的作品，您一比較我七十歲前後寫的《紅塵》，就會知道思想內容、人生經驗之大不相同了。

問七：前兩年，您曾用四十天時間，首次進行「大陸文學之旅」考察、交流活動，

到北京、上海、杭州、九江、武漢、蘭州、敦煌、深圳等地，與當地數十名作家、藝術家、學者會面。您對大陸作家作品印象如何？

墨人答：我對大陸作家能保持中國傳統文人的風骨，不盲目崇洋媚外，對文學作品具有相當高的判斷能力，十分讚賞欽佩。作家就是作家，這一點十分重要。所以一趟大陸文學之旅，我不但結識了許多作家朋友，而且還有不少知己。我對他們也寄予厚望，假以時日，他們必能寫出扣人心弦的作品。對他們過去的作品，現在就下斷語不大公平，因爲他們的思想才華並沒有完全展現出來。我的大致印象是：他們的作品沒有偏離中國文化、文學，不是西洋文學的二手貨，或非驢非馬的變種（雖有極少數例外，但不能以偏概全），也不無病呻吟，譁衆取寵。這都是很好的寫作態度。如果他們能在現有的工資優勢條件下，又能放寬眼界，全方位地更深入地寫作，不難寫出多彩多姿的作品。但對商業化的衝擊要有心理準備，千萬不要隨波逐流。文學作品一旦商業化，文學必然嗚呼哀哉。

問八：臺灣文學四十年來的特點及其發展趨勢。

墨人答：大致說來，第一個十年偏重意識形態；第二個十年西方意識流、存在主義籠罩臺灣文壇；第三個十年商業化、本土化（所謂鄉土文學）交互衝擊純文學，純文學已無立足之地；第四個十年是前十年的延續，老作家已紛紛停筆，更無大長篇創作。《紅塵》是一大例外。以後發展，仍令人憂心。

問九：怎樣加強海峽兩岸文化文學交流？

墨人答：多出版兩岸作家作品是最好的方法。

《九江師專學報》一九九三年第二期，陳忠教授為該學報總編輯。

註：《紅塵》前五十四章早於一九九〇年由深圳黃河文化出版社出版。（並未公開發行，只隨我在台[illegible]出席[illegible]）北京中國文聯出版公司於一九九二年出版長篇小說《春梅小史》（易名也無風雨也無情）、一九九三年出版《紅樓夢的寫作技巧》。北京群眾出版社於一九九五年出版散文集《小園昨夜又東風》。北京京華出版社於一九九五年出版長篇小說《白雪青山》。北京中國社會科學出版社於一九九四年出版散文集《浮生小趣》。長沙湖南出版社於一九九六年出版修訂批注的《張本紅樓夢》精裝本兩巨冊一萬一千套，迅即銷售一空。

二、《紅塵》三稿定的創作新觀點是一百二十章，我選一百二十章的標題都擬好了，但在台灣當時[illegible]輕、薄、短小的文學作品，我在台灣新生報副刊有九十章連載，技[illegible]一百二十章一連載完畢，[illegible]似乎[illegible]未盡，[illegible]並[illegible]作[illegible]成五[illegible]，[illegible]出版社出版[illegible]，而且[illegible]加上[illegible]，當時更[illegible]到公元二〇〇四年[illegible]出版社[illegible]學[illegible]的[illegible]文學。北京

兩岸詩人與詩

陳　忠
V.S.
墨　人

故鄉江西九江師範專科學校出版的《九江師專學報》，闢有《陶淵明研究》、《黃山谷研究》、《墨人研究》三個專欄，均為第一手資料，該刊總編輯陳忠教授前曾以文化觀與文學觀相詢，我均一一回答，近又以兩岸詩人與詩為題相詢，我亦一一隔海回答，問答錄如后：

陳問：墨人先生，聽說您最近到哈爾濱等地作了一次「詩之旅」。這是您繼一九九〇年春夏之交的「大陸文學之旅」後的又一壯舉。

三年多時間，您先後兩次的大陸之旅，走不同的路線，跑了大半個中國，接觸了文壇、詩壇、藝壇的很多朋友，進行了文學、文化、藝術的廣泛交流，從您的接觸印象中，近三、四年大陸有何變化？特別是文人心態、文人觀念的變化。

墨人答：這三、四年來，由於大陸的經濟改革開放，國人生活水準普遍提高，各方面的建設進步很快，和一九九〇年的徬徨、迷惘不一樣，尤其是青年人，彷彿看到了自己奮鬥的目標。這是很可喜的現象。以《秋水》詩刊來說，全是[redacted]少數人自己出錢出力，利用業餘時間，把這個詩刊辦得爲兩岸詩人一致接受，使兩岸詩人情同手足，這之間沒有任何隔閡。建立純正的中國文學，[redacted]不要公家一文錢，[redacted]有完全獨立的詩格、人格。更得到大陸詩人[redacted]的支持、喜愛。在《秋水》上發表詩作的大陸詩人已超過二百五十位，還在不斷增加中。而紀念《秋水》創刊二十周年的《悠悠秋水》詩選，大陸詩人作品占了一半（共八十位詩人）、臺灣詩人六十位、香港海外詩人二十位。一般說來，文人都希望創作的空間更大，出版的空間更大。[redacted]長期以來[redacted]黃色作品、黑色作品，[redacted]大行其道，眞正的純文學作品，有境界、有思想內容的作品，反而被逼進了死胡同，這在文學上是反淘汰，而「劣幣驅逐良幣」的形勢早已形成，很難挽救。這不是中華民族文化、文學的「斷層」，而是「斷根」。

隨著經濟的改革開放，必然帶來繁榮，帶來富裕。大陸工商業化的結果，也很可能造成文學的商品化。聽說有些作家要下海作生意，有些作家也不能安心寫作，而大陸某一部長篇據說已經銷了兩百萬冊，造成空前紀錄。有人說它是現代《金瓶梅》。我在西安託人代臺灣一位翻譯家好友購到一册，回臺北後我太忙，沒有寄給他，他要我先看看，我只隨便翻了兩處，巧的是那兩處都有男女性關係赤裸裸的描寫。我是一位嚴守五戒的佛教徒，阿彌陀佛，我不能再看，難怪這部小說能賣到兩百萬册！這情形和臺灣書市沒有兩樣，一位作家如果靠寫男女性關係爭取讀者，不算是大作家，如果全書不寫一個吻字，沒有一個吻的動作，而能打進市場，得到讀者的喜愛，推崇，那才是大手筆、大作家。在經濟改革開放的大好形勢之下，大陸作家除了要有創作、出版空間之外，還必須面臨市場的挑戰。這是我的心路歷程，也可以給大陸作家參考。挺不下去的，自然倒下，愈挫愈奮的，才能存在。「不經一番寒徹骨，焉得梅花撲鼻香」？應是兩岸作家的共同殷鑑。

陳問：此次「詩之旅」，自然以詩為媒。作為詩人，您考察大陸當代詩人和詩歌，對當前大陸詩歌現狀及特點有何高見？大陸詩歌與臺灣詩歌、大陸詩人與臺灣詩人，是否存在異同？

墨人答：一九九〇年我來大陸訪問之前，曾經製了一份表格，其中有一項是「文學觀」，請大陸作家朋友自己寫，以免有誤，有百分之九十以上都是寫「現實主義」，或「文學是人學」。不論是詩人、小說家，都不出這個範疇。而很多詩人的作品，也多在這個範疇之內。大陸的「朦朧詩」我則看的不多，那時的「朦朧詩」已成為「過去式」，正如臺灣的現代派詩一般。其實大陸的「朦朧詩」無異於臺灣現代派詩的二手傳播，也都走進了死胡同，而大陸一位朦朧詩人最後還是在紐西蘭演出殺妻再自殺的悲劇，徒然給報紙製造了新聞。正如臺灣一位寫暢銷書的女作家，最後也是在臺北懸梁自盡一樣。不過那位大陸詩人沒有臺灣那位女作家在臺灣轟動而已！因為她的死還被出版商最後利用了一次而賺了一大筆鈔票。這種文學上的悲劇，主要的原因是作者對人生和文學都缺乏正確的認識，彷彿無舵之舟，在時代的激流中，必然觸礁。而且給青年人造成無謂的騷動，不良的影響。

以我一九九〇年的印象來說，大陸詩和臺灣詩，無論在主題內容方面或表現技巧方面是有一些差異，大陸詩主題比較明確、內容比較實在，但表現技巧未能推陳出新；臺灣詩主題不是那麼明確，內容比較空疏，在技巧方面則力求突破、花樣百出，但不夠成熟、圓潤。三年之後，由於兩岸詩的交流日益密切，起了很多互補作用，兩岸詩人與詩已經結合起來，差異愈來愈小了。這樣發展下去，到了下個世紀，可能開創出真正的中國新詩世紀。這是一個可喜的現象。

陳問：墨人先生，我們知道您從青年時代起就愛詩、寫詩，數十年如一日，詩情不

滅，曾出版過多種詩集。請談談您對詩的理解與認識，談談您的詩歌創作得失甘苦。

墨人答：我從小就愛傳統詩，尤其是絕律詩。到了青年時代，因爲傳統詩已經打進死胡同，沒有發表出版的機會，而新詩正如抗日烽火，如火如荼，因此我才走上新詩這條路。到臺灣以後，我早年出了兩本詩集，對臺灣也產生了不少影響。但後來臺灣詩壇掀起了宗派門戶之爭，各據山頭，招兵買馬，我便悄悄自我放逐，潛心創作小說。我是一個最討厭搞小圈子的人，更不樂見詩人搞小圈子。因此有很長一段時間，我脫離了詩壇，詩也寫得少了，小說則寫了不少。直到我發現《秋水》詩刊不搞小圈子，不標新立異，不走歪路，我才無條件地默默支持這個詩刊。也和一些沒有山頭，沒有門戶之見的後輩詩人來往，又出了一本《山之禮讚》詩集。

但我的創作重心還是在小說，寫詩只是消遣，而且常寫傳統詩，一九八七年我在臺灣商務印書館出版的《全唐詩尋幽探微》一書中就附錄了我幾十首傳統詩。我認爲中國傳統絕律詩是文學的菁華，新詩是無法達到那種韻味和境界的。因爲語言文字結構產生了變化，傳統詩在語言文字方面是化繁爲簡，新詩則是化簡爲繁，這完全是受西洋語文、西洋詩的影響。但是形勢比人強，當代傳統詩人中並沒有李、杜、元、白……這些大詩人、大手筆，而新詩人中又多不會寫傳統詩，甚至連平仄都不懂，傳統詩和新詩的臍帶完全割斷了，怎樣也連接不起來。在這種情況之下，我除了暗示新詩人要讀傳統詩外，只好一方面鼓勵新詩，一方面自己也寫傳統詩，希望兩者能重新銜接，重新交集，相輔相成，創造出更好的中國詩來。這是我的苦心，但是工程太大，只有大家共同努力，才有希望。

陳問：中國是個詩歌王國。民間詩、文人詩都有輝煌的歷史。您最喜歡的詩、最喜歡的詩人是誰？中國詩歌的前途怎樣？怎樣重現輝煌？

墨人答：我最喜歡的中國詩人是李（包括李義山）、杜（包括杜牧、杜荀鶴）、元、白、寒山子、呂洞賓……實在不勝枚舉。在拙著《全唐詩尋幽探微》中我有具體的分析，此處一言難盡。至於中國新詩的前途，必須中國傳統詩與新詩結合、兩岸新詩加强互補、融合，而又出現幾位不世之才的大詩人，中國新詩的盛唐時代才能再現。

陳問：中國詩歌與外國詩歌的差異何在？

墨人答：中外語文結構不同、歷史文化思想背景不同，這是中外詩歌的根本差異所在。中國單音節具有形聲義三大特色的方塊字，是詩的最好表現工具，這一文字優勢，是外文所不及的。可惜現代的中國詩人多不會運用這一優勢，反而取法乎下，盲目崇洋。

陳問：一般說來，青年人都愛詩，喜歡寫詩。但據說，目前的詩歌是寫詩的比讀詩的人多。實際情況怎樣，我沒有調查，難以評說；不過，今人神品的佳作確實太少。請您說說青年人寫詩應注意些什麼問題，怎樣才能入門、入道、入境？

墨人答：據說的情況我也沒有作過調查，讀詩的人口不多則是事實。不但新詩如此，連唐詩也少人讀，《紅樓夢》也少人讀，這是中國文化的墮落，中國文學的悲哀。是外來的速食文化反淘汰中國的精緻文化、文學的結果。大陸情形如何？我不清楚。不敢妄言。

青年人寫詩最起碼的條件是要先將中國文字弄通。連一封信都寫不通，如何能寫好一首詩呢？手上沒有鑰匙如何入門？入道、入境更是談何容易？不打好中國哲學基礎，不精通佛道思想，休想入道、入境。杜詩雖好，但停留在人文主義階段，無法與寒山子、呂洞賓、陳摶的境界相比，連李白的瀟脫自如也比不上。這就是為什麼有人說杜詩好學，李白的詩不好學的道理。我不是故意唐突詩聖，一談到入道、入境，便不能不說實話。

臺北《葡萄園詩刊》，民國八十三年（一九九四）春季號總一二一期
北京《新華文摘》一九九五年第二期

墨人註：九江師專已升格為九江學院。

關於《紅塵心語》的隔海問答

陳　忠V.S.墨　人

陳問一：墨人先生，日前收到您的贈書《紅塵心語》，並認真拜讀了您的又一部新作力作。這是與您以往的小說、詩歌、散文評論大不相同的人生「心語」，很難歸類；是一種似散文非散文，似雜感非雜感、似隨筆非隨筆的「心語」文體，是一種超越自我的美術創造。我注意到：您把巨著長篇取名《紅塵》，又把新著取名《紅塵心語》，還把自己的家庭住所取名「紅塵寄廬」。請問您「鍾情」的「紅塵」是一個什麼樣的內涵？紅塵與微塵、無塵是什麼關係？

墨人答：據辭海解釋：「紅塵」謂塵埃也，亦指熱鬧繁華之地。孟浩然洛陽詩：「酒酣白日暮，走馬入紅塵。」溫庭筠湘東宴曲：「隄外紅塵蠟炬歸。」又辭源班固賦「紅塵四合，烟雲相連」。徐陵詩「紅塵自戲多」。後世因以「紅塵」爲熱鬧繁華之喻。也就是我們俗話說的「花花世界」。但我所寫的大長篇《紅塵》則兼有佛家「客塵」

的含意，如維摩詰經問疾品：「菩薩斷除客塵煩惱」，又我的長篇《紅塵》與佛家所謂的「娑婆世界」義近。《紅塵心語》則是我在此紅塵俗世中的內心話，是我自己的一種信手寫來的文體。至於蝸居「紅塵寄廬」，我並未在門牆上題字，只是我隨時提醒自己，我不過是這個滾滾紅塵世界中暫時寄居的過客而已。老子說：「生而不有，為而不恃，長而不宰。」何況一個棲身的房子而已！我對子女和自己的作品亦作如是觀，來此娑婆世界，只是盡其在我而已。責任一了，即自往生解脫，了無掛礙。我不妨將最近寫的十六首絕句中的第一首抄在下面作進一步解：

大夢何時覺？春來花自開。

嫣紅與姹紫，總是一塵埃。

陳問二：您的心路歷程，是由儒入道，由道入佛。「儒」——「道」——「佛」該屬三個境界。請問儒、道、佛的異同何在？您在修儒、修道、修佛的過程中，有些什麼心悟？能給我們哪些教益？佛教源於印度、道教本土中國，墨人先生佛道雙修會不會遇到教義間的衝突？如有矛盾怎樣統一？

墨人答：中國文化源頭是六經之首的易經，而詮釋易經最透澈精準的是老子的《道德經》，中國文化的正統是道家。儒家的孔子是道家的老子的後生。孔子在請教老子之前還不知道「道」是什麼?他既說過「朝聞道夕死可矣。」又說過「五十以學易，可以無大過矣！」在他請教過老子之後，他出來告訴他的大弟子顏回說：

「丘之於道也，其猶醯雞與！微夫子之發吾覆也，吾不知天地之大全也。」

所謂醯雞是甕中酒上的蠛蠓；所謂「天地之大全也」就是宇宙的本體和萬象。由此可見，老子對道，對宇宙的形成，發展的宇宙自然法則是十分清楚的。他除了說過「無名天地之始，有名萬物之母」外，還說過「道生一，一生二，二生三，三生萬物，萬物負陰以抱陽，沖氣以爲和。」這就是宇宙發展的層次和作用，也是八卦構成的原理。但老子被劉徹的政治打壓，在君主家天下的時代不見天日久矣；而他在寫完五千言的《道德經》之後，即騎青牛出函谷關飄然而去，他連孔子都不肯教，更沒有開山收徒，所以他不但吃不到冷豬肉，而讓孔子一枝獨秀，讓「半部論語治天下」，那麼高層次的道德經，兩千多年來識者甚少。幸而英國的《中國科技史》作者李約瑟博士（Dr. Juseph Needham）十分肯定了道家對中國文化、科學的貢獻，連他的中國姓都襲用老子的「李」姓。他認爲老子是道家的「開山宗師」，他有一段話說的十分明白：

「我之喜歡道家，最基本的原因是：道家是純中國的……特別是道家許多基本觀念與中國早期科學的發展最有關係。在研究中國科技史的過程中，我發現凡是與中國科學技術有關的東西，一定會同時發現有道家的思想，道家的迹印在。」

至於儒家，則偏重人際關係，比道家思想層次本來就低了很多，加上劉徹以後家天下的統治者有計畫的利用，使儒家變成一言堂，使中國科學不能從「中古科學」跨進「現代科學」，使我們後代子孫吃盡了苦果，鴉片戰爭、八國聯軍打得我們一百多年抬不起頭來。我在長篇《紅塵》中有不少篇幅寫到這些問題，這也是我寫《紅塵》的一大動機，一大原動力。

佛家思想雖源於印度，但釋迦牟尼的宇宙觀，和老子的宇宙觀，以及提升人生境界的修養方法，釋、老兩家契合之處甚多，是儒家望塵莫及的。以「無爲」與去「我執」來說，老子說「爲無爲，事無事，味無味。」又說：「無爲而無不爲矣。」至於「生而不有，爲而不恃，長而不宰。」亦是不我執的同義。釋迦牟尼則說：「若菩薩有我相、人相、衆生相、壽者相，即非菩薩。」又說：「過去心不可得、現在心不可得、未來心不可得。」更說：「一切有爲法，如夢幻泡影，如露亦如電，應作如是觀。」所以道家和佛家思想毫不衝突，連儒家也不衝突，只是儒家思想層次較低而已。所以這三家思想在中國沒有造成宗教戰爭，不像回教和基督教一樣勢同水火，因爲這兩種宗教排他性太强，基督教更形成一種帝國主義的霸權。當年十字軍東征、中英的鴉片戰爭、八國聯軍的進攻北京，以及近年的中東海灣戰爭布希和柯靈頓的先後進攻伊拉克，表面上說得像「代天行道」。其實是宗教的排他戰爭，以我的淺見，這兩種宗教戰爭，只會間歇、不會終止的。道、儒、釋，不但在中國沒有宗教戰爭，在文化上反而有相輔相成的作用。但我不大歡喜用「教」來稱三家，「教」是因人而設，有「有為」的涵義，「家」是自然形成發展的思想，可大可久。

陳問三：儒學、道學、佛學與中國人生有怎樣的影響？儒學、道學、佛學與中國文學又有怎樣的影響？

墨人答：可以提升人生境界與文學境界。其層次的高低亦如第二問所答。舉例而言，杜甫的思想境界不如李白，李白又不如呂洞濱、寒山子。小說亦復如此，曹雪芹雖然未遇明師，不大了解佛道的修行方法和各種境界，但他的佛道知識高於其他小說家，所以《紅樓夢》在文學境界上也高於其他小說。

陳問四：從《紅塵心語》中，我們得知墨人先生對命學研究精深。請問何謂「命」？何謂「運」？何謂「命運」？人怎樣才能把握自己的「命運」？改變自己的「命運」？

墨人答：用現代科學觀點來說，命就是個人的生命磁場，出生的時間、地點，就是個人生命磁場的強弱定位。運就「運行」。如一部「奔馳」好汽車，走的是高速公路，自然更穩更快，品牌差的車子走高速公路也比較平順快速，走石子山路那就不能與奔馳相比。所謂「把握」命運，也只能順其自然，不能反其道而行。「改變」命運就是改變自然法則，這是不可能的，唯一的補救辦法，是多行善積德，行善積德再加修行，可以影響磁場，但亦難完全改變定命，「奔馳」就是「奔馳」，其他品牌就是其他品牌，行善積德無異於「維修」，「維修」得好，結果自然要好些。種善因得善果，因果律也就是自然律，一點也不迷信。

陳問五：關於中國文化的源頭及其始祖，關於中國傳統文化的核心，您有諸多高見並散見於多篇文章中，能否在此扼要綜述介紹給大陸讀者？

墨人答：請參看第三項答問。

陳問六：墨人先生，在您看來，無論修文、修身，修道，修佛，「最大的原則要心存善念，常懷助人之心。」這是不是您的「知命觀」？謝謝您再次隔海答問。

墨人答：這是作人的基本原則，也是宇宙自然法則。

丙子年九月七日左眼白內障開刀前二日匆答於紅塵寄廬

（一九九六）

編者註：問者陳忠先生為墨人故鄉九江師專教授兼《九江師專學報》總編輯。該學報自一九九一年起即設〈墨人研究〉專欄，與〈陶淵明研究〉、〈黃山谷研究〉並稱三大專欄，甚受大陸教育學術界重視。按陶淵明為九江（古稱潯陽柴桑）人。黃山谷籍隸修水，屬九江府（市）轄治。黃爲「江西詩派」首領、縱橫兩宋詩壇，書法亦與蘇軾、米芾並列。

註：一、《紅塵》前五十四章早於一九九〇年由深圳黃河文化出版社出版。[illegible]北京中國文聯出版公司於一九九二年出版[illegible]長篇小說《春梅小史》（易名也無風雨也無情）、一九九三年出版《紅樓夢的寫作技巧》。北京群眾出版社於一九九五年出版散文集《小園昨夜又東風》。北京京華出版社於一九九五年出版長篇小說《白雪青山》。北京中國社會科學出版社於一九九四年出版散文集《浮生小趣》。長沙湖南出版社於一九九六年出版修訂批注的《張本紅樓夢》[illegible]兩巨冊一百八十餘萬言，[illegible]一室。

二、《紅塵》原來的創作計劃就是一百二十章，我連一百二十章的標題都擬好了，但台灣方面[illegible]輕、薄、短、小的文學作品，我給台灣新生的原稿只有九十五章，連載後出版分成上中下三冊，因讀者[illegible]意猶未盡，[illegible]一百二十章[illegible]更換有關新的是二〇〇四年[illegible]出版社[redacted][illegible]

「中國文聯出版社二〇〇三年底先出版了大陸教授[illegible]《紅塵》[illegible]在中外文壇的[illegible]，所以[illegible]

二〇〇七年[illegible]

墨人博士著作書目（校正版）

書目	類別	出版者	出版時間
一、自由的火焰 ⎫ 與《山之禮讚》合併	詩集	自印（左營）	民國三十九年（一九五〇）
二、哀祖國 ⎭ 易名《墨人新詩集》	詩集	大江出版社（臺北）	民國四十一年（一九五二）
三、最後的選擇	短篇小說	百成書店（高雄）	民國四十二年（一九五三）
四、閃爍的星辰	長篇小說	大業書店（高雄）	民國四十二年（一九五三）
五、黑森林	長篇小說	香港亞洲社	民國四十四年（一九五五）
六、魔障	長篇小說	暢流半月刊（臺北）	民國四十七年（一九五八）
七、孤島長虹（全集中易名爲富國島）	長篇小說	文壇社（臺北）	民國四十八年（一九五九）
八、古樹春藤	中篇小說	九龍東方社	民國五十一年（一九六二）
九、花嫁	短篇小說	九龍東方社	民國五十三年（一九六四）
一〇、水仙花	短篇小說	長城出版社（高雄）	民國五十三年（一九六四）
一一、白夢蘭	短篇小說	長城出版社（高雄）	民國五十三年（一九六四）
一二、颱風之夜	短篇小說	長城出版社（高雄）	民國五十三年（一九六四）

一三、白雪青山	長篇小說	長城出版社（高雄）	民國五十四年（一九六五）
一四、春梅小史	長篇小說	長城出版社（高雄）	民國五十四年（一九六五）
一五、洛陽花似錦	長篇小說	長城出版社（高雄）	民國五十四年（一九六五）
一六、東風無力百花殘	長篇小說	長城出版社（高雄）	民國五十四年（一九六五）
一七、合家歡	長篇小說	臺灣省新聞處（臺中）	民國五十四年（一九六五）
一八、紅樓夢的寫作技巧	文學理論	臺灣商務印書館（臺北）	民國五十五年（一九六六）
一九、塞外	短篇小說	臺灣商務印書館（臺北）	民國五十五年（一九六六）
二〇、碎心記	長篇小說	小說創作社（臺北）	民國五十六年（一九六七）
二一、藍姑	長篇小說	小說創作社（臺北）	民國五十七年（一九六八）
二二、鱗爪集	散　　文	水牛出版社（臺北）	民國五十七年（一九六八）
二三、青雲路	短篇小說	臺灣商務印書館（臺北）	民國五十八年（一九六九）
二四、變性記	短篇小說	臺灣商務印書館（臺北）	民國五十八年（一九六九）
二五、龍鳳傳	長篇小說	幼獅書店（臺北）	民國五十九年（一九七〇）
二六、火樹銀花	長篇小說	立志出版社（臺北）	民國五十九年（一九七〇）
二七、浮生集	散　　文	聞道出版社（臺南）	民國六十一年（一九七二）
二八、墨人詩選	詩　　集	臺灣中華書局（臺北）	民國六十一年（一九七二）
二九、鳳凰谷	長篇小說	臺灣中華書局（臺北）	民國六十一年（一九七二）

三〇、墨人短篇小說選	短篇小說	臺灣中華書局（臺北）	民國六十一年（一九七二）
三一、斷腸人	短篇小說	臺灣學生書局（臺北）	民國六十一年（一九七二）
三二、詩人革命家胡漢民傳	傳記小說	近代中國社（臺北）	民國六十七年（一九七八）
三三、心猿	長篇小說	學人文化公司（臺北）	民國六十八年（一九七九）
三四、山之禮讚	詩集	秋水詩刊（臺北）	民國六十九年（一九八〇）
三五、心在山林	散文	中華日報社（臺北）	民國六十九年（一九八〇）
三六、墨人散文集	散文	學人文化公司（臺中）	民國六十九年（一九八〇）
三七、山中人語	散文	臺灣商務印書館（臺北）	民國七十二年（一九八三）
三八、花市	散文	江山出版社（臺北）	民國七十四年（一九八五）
三九、三更燈火五更雞	散文	江山出版社（臺北）	民國七十四年（一九八五）
四〇、墨人絕律詩集	詩集	臺灣商務印書館（臺北）	民國七十六年（一九八七）
四一、全唐詩導幽探微	文學理論	臺灣商務印書館（臺北）	民國七十六年（一九八七）
四二、第二春	短篇小說	采風出版社（臺北）	民國七十七年（一九八八）
四三、全唐宋詞導幽探微	文學理論	臺灣商務印書館（臺北）	民國七十八年（一九八九）
四四、小園昨夜又東風	散文	黎明文化公司（臺北）	民國八十年（一九九一）
四五、紅塵（上、中、下三卷）	長篇小說	臺灣新生報社（臺北）	民國八十年（一九九一）
四六、大陸文學之旅	散文	文史哲出版社（臺北）	民國八十一年（一九九二）

四七、紅塵續集	長篇小說	臺灣新生報社（臺北）	民國八十二年（一九九三）
四八、墨人半世紀詩選	詩　選	文史哲出版社（臺北）	民國八十四年（一九九五）
四九、張本紅樓夢（上下兩巨冊）	修訂批註	湖南出版社（長沙）	民國八十五年（一九九六）
五〇、紅塵心語	散　文	圓明出版社（臺北）	民國八十五年（一九九六）
五一、年年作客伴寒窗	散　文	中天出版社（臺北）	民國八十六年（一九九七）
五二、全宋詩尋幽探微	文學理論	文史哲出版社（臺北）	民國八十九年（二〇〇〇）
五三、墨人詩詞詩話	詩詞・理論	詩藝文出版社（臺北）	民國八十九年（二〇〇〇）
五四、娑婆世界（定本）	長篇小說	昭明出版社（臺北）	民國八十八年（一九九九）
五五、白雪青山（定本）	長篇小說	昭明出版社（臺北）	民國八十九年（二〇〇〇）
五六、滾滾長江（定本）	長篇小說	昭明出版社（臺北）	民國八十九年（二〇〇〇）
五七、春梅小史（定本）	長篇小說	昭明出版社（臺北）	民國八十九年（二〇〇〇）
五八、紫燕（定本）	長篇小說	昭明出版社（臺北）	民國九　十年（二〇〇一）
五九、紅樓夢的寫作技巧（定本）	文學理論	昭明出版社（臺北）	民國九　十年（二〇〇一）
六〇、紅塵六卷（定本）	長篇小說	昭明出版社（臺北）	民國九　十年（二〇〇一）
六一、紅塵法文本	巴黎友豐（you fong）書局出版		二〇〇四年初版

附　註：

▲北京中國文聯出版社二〇〇三年出版　大陸教授羅龍炎・王雅清合著《紅塵》論專書

▲臺北市昭明出版社出版墨人一系列代表作，長篇小說《娑婆世界》、一百九十多萬字的空前大長篇《紅塵》（中法文本共出五版）暨《白雪青山》（兩岸共出六版）、《滾滾長江》、《春梅小史》、《紫燕》，短篇小說集、文學理論《紅樓夢的寫作技巧》（兩岸共出十四版）等書。臺灣中華書局出版的《墨人自選集》共五大冊，收入長篇小說《白雪青山》、《齡姑》、《鳳凰谷》、《江水悠悠》（為《東風無力百花殘》易名）、《短篇小說．詩選》合集。《哀祖國》及《合家歡》皆由高雄大業書店再版。臺北詩藝文出版社出版的《墨人詩詞詩話》創作理論兼備，為「五四」以來詩人、作家所未有者。

▲臺灣商務印書館於民國七十三年七月出版先留英後留美哲學博士程石泉、宋瑞等數十人的評論專集《論墨人及其作品》上、下兩冊。

▲《白雪青山》於民國七十八年（一九八九）由臺北大地出版社第三版。

▲臺北中國詩歌藝術學會於一九九五年五月出版《十三家論文》論《墨人半世紀詩選》。

▲《紅塵》於民國七十九年（一九九〇）五月由大陸黃河文化出版社出版前五十四章（香港登記、深圳市印行）。大陸因未有書號未公開發行僅供墨人「大陸文學之旅」時與會作家座談時參考。

▲北京中國文聯出版公司於一九九二年十二月出版長篇小說《春梅小史》（易名《也無風雨也無晴》）；一九九三年四月出版《紅樓夢的寫作技巧》。

▲北京中國社會科學出版社於一九九四年出版散文集《浮生小趣》。

▲北京群眾出版社於一九九五年一月出版散文集《小園昨夜又東風》；一九九五年十月京華出版社出

版長篇小說《白雪青山》大陸版，第一版三千冊，一九九七年八月再版一萬冊。

▲長沙湖南出版社於一九九六年一月初出版墨人費時十多年精心修訂批註的《張本紅樓夢》，分上下兩大冊精裝一萬一千套。立即銷完，因未經墨人親校，難免疏失，墨人未同意再版。

Mo Jen's Works

1950 *The Flames of Freedom*（poems）《自由的火焰》

1952 *Lament for My Mother Country*（poems）《哀祖國》

1953 *Glittering Stars*（novel）《閃爍的星辰》

The Last Choice（short stories）《最後的選擇》

1955 *Black Forest*（novel）《黑森林》

The Hindrance（novel）《魔障》

The Rainbow and An Isolated Island（novel）《孤島長虹》（全集中易名為富國島）

1963 *The spring Ivy and Old Tree*（novelette）《古樹春藤》

1964 *Narcissus*（novelette）《水仙花》

A Typhonic Night（novelette）《颱風之夜》

Ms.Pei Mong-lan（novelette）《白夢蘭》

The Joy of the Whole Family（novel）《合家歡》

Flower Marriage（novelette）《花嫁》

1965 *White Snow and Green Mountain*（novel）《白雪青山》

The Short Story of Miss Chung Mei（novel）《春梅小史》

The Powerless Spring Breeze and Faded Flowers（novel）《東風無力百花殘》(《江水悠悠》)

Flower Blossom in Loyang（novel）《洛陽花似錦》

1966 *The Writing Technique of the Dream of Red Chamber*（literature theory）《紅樓夢的寫作技巧》

Out of The Wild Frontier（novelette）《塞外》

1967 *A Heart-broken Story*（novel）《碎心記》

1968 *Miss Clever*（novel）《靈姑》

Trifle（prose）《鱗爪集》

1969 *The Road to Promotion*（novelette）《青雲路》

1970 *A Sex-change Story*（novelette）《變性記》

The Biography of the Dragon and the Phoenix（novel）《龍鳳傳》

1971 *A Brilliantly lighted Garden*（novel）《火樹銀花》

1972 *My Floating Life*（prose）《浮生記》

Selection of Mo Jen's Poems《墨人詩選》

A Heart-broken Woman (novelette) 《斷腸人》

Phoenix Valley (novel) 《鳳凰谷》

Mo Jen's Works (five volumes) 《墨人自選集》

Selection of Mo Jen's short stores《墨人短篇小說選》

1978 *Hu Han-ming, the Poet and Revolutionist* (novel) 《詩人革命家胡漢民》

1979 *The Mokey in the Heart* (i.e. The Purple Swallow renamed) 《心猿》

1980 *The Hermit* (prose) 《心在山林》

A Collection of Mo Jen's Prose (prose) 《墨人散文集》

A Praise to Mountains (poems) 《山之禮讚》

1983 *Mountaineer's Remarks* (prose) 《山中人語》

1985 *My Candle Burns at Both Ends* (prose) 《三更燈火五更雞》

Flower Market (prose) 《花市》

1986 *A Mundane World* (novel, four volumes, over 1.9 million words) 《紅塵》

1987 *Remarks on All Poems of the Tang Dynasty* (theory) 《全唐詩尋幽探微》

1988 *Remarks On All Tsyr* (prose poem) *of the Tang and Sung Dynasties* (theory) 《全唐宋詞尋幽探微》

1991 *The Breeze That Came From The East Last Night in My Little garden Again* (prose)《小園昨夜又東風》

1992 *Travel for Literature in Mainland China*（prose）《大陸文學之旅》

1995 *Selection of Mo Jen's Poems, 1992-1994*《墨人半世紀詩選》

1996 *I'll look upon the World*《紅塵心語》

Chang Edition of the Dream of Red Chamber《張本紅樓夢》（修訂批註）

1997 *Cherish thy guests and the Muses*《年年作伴寒窗》

1999 *Saha Shih Gai*《裟婆世界》

1999 *Remarks on All Poems of the sung Dynasties*《全宋詩尋幽探尋》

1999 *Mo Jen's Classical Poems and Prose Poems*《墨人詩詞詩話》

2004 *Poussiere Rouge*《紅塵》法文譯本

墨人博士創作年表（二〇〇五年增訂）

年度	年齡	發表出版作品及重要文學紀錄摘要
民國二十八年己卯（一九三九）	十九歲	在東南戰區《前線日報》發表〈臨川新貌〉。淪陷區著名的上海《大美晚報》隨即轉載。
民國二十九年庚辰（一九四〇）	二十歲	在《前線日報》發表〈希望〉、〈路〉等新詩作品。
民國三十年辛巳（一九四一）	二十一歲	在《前線日報》發表〈評夏伯陽〉書評等文。
民國三十一年壬午（一九四二）	二十二歲	在各大報發表〈苦難的行列〉、〈贛州禮讚〉（長詩）、〈老船夫〉、〈盲歌者〉、〈自己的輓歌〉、〈抹去那怯弱的眼淚吧〉、〈生命之歌〉、〈快割鳥〉、〈鷂鷹與靈雀〉等詩及散文多篇。
民國三十二年癸未（一九四三）	二十三歲	在各大報發表長詩〈鋤奸隊長〉、〈搜索連長〉、〈遙寄〉、〈寫在第七個七七〉、〈父親〉、〈受難的女神〉、〈城市的夜〉及〈火把〉、〈擊柝者〉、〈橋〉、〈古鐘〉、〈汽笛〉、〈山居〉、〈沙灘〉、〈夜行者〉、〈孤芳〉、〈蚊蟲〉、〈蒼蠅〉、〈團圞〉、〈陽光〉、〈深秋〉、〈贈某詩人兼寫自己〉、〈哀亡命詩人〉、〈自供〉、〈白屋詩抄〉、〈哀歌〉、〈生活〉、〈給偶像崇拜者〉、〈戰書〉、〈燈下獨白〉、〈夜歸〉、〈失眠之夜〉、〈悼〉、〈殘英〉、〈黃昏曲〉、〈補綴〉、〈復活的季節〉、〈擬戀歌〉、〈晨雀〉、〈春耕〉、〈天空的搏鬥〉等長短抒情詩。另發表散文及短篇小說多篇。

民國三十三年甲申（一九三九）	二十四歲	發表〈山城草〉五首及〈沒有褲子穿的女人〉、〈襤褸的孩子〉、〈駝鈴〉、〈無聲的哭泣〉、〈長夜草〉、〈春夜〉、〈擬某女演員〉、〈蛙聲〉、〈麥笛〉等詩及散文多篇。
民國三十四年乙酉（一九四五）	二十五歲	發表〈最後的勝利〉及〈煉獄裏的聲音〉、〈神女〉、〈鬥〉等長詩與散文多篇。
民國三十五年丙戌（一九四六）	二十六歲	發表〈夢〉、〈春天不在這裡〉等詩及散文多篇。
民國三十六年丁亥（一九四七）	二十七歲	發表〈冬天的歌〉、〈流浪者之歌〉、〈手杖．煙斗〉及長詩〈上海抒情〉等與散文多篇。
民國三十七年戊子（一九四八）	二十八歲	主編軍中雜誌、撰寫時論，均不署名。
民國三十八年己丑（一九四九）	二十九歲	七月渡海抵臺，發表〈星獻〉、〈滿妹〉、及長詩〈自由的火燄〉、〈人類的宣言〉等及散文多篇。
民國三十九年庚寅（一九五〇）	三十歲	發表〈站起來，捏死他！〉、〈滾出去，馬立克！〉、〈英國人〉、〈海洋頌〉等詩。出版《自由的火燄》詩集。
民國四十年辛卯（一九五一）	三十一歲	發表〈春晨獨步〉、〈炫與殉〉、〈悼三閭大夫屈原〉、〈詩聯隊〉、〈心靈之歌〉、〈子夜獨唱〉、〈真理．愛情〉、〈友情的花朵〉、〈啊，西風啊！〉、〈歲暮吟〉、〈師生〉、〈往事〉、〈天書〉、〈歷程〉、〈雨天〉、〈火車飛馳在海岸線上〉、〈帶路者〉、〈送第一艦隊出征〉等詩，及〈哀祖國〉長詩。
民國四十一年壬辰（一九五二）	三十二歲	發表〈未完成的想像〉、〈廊上吟〉、〈窗下吟〉、〈白髮吟〉、〈秋夜輕吟〉、〈秋訊〉、〈渴念．追求〉、〈寂寞．孤獨〉、〈冬眠〉、〈我想把你忘記〉、〈想念〉、〈成人的悲歌〉、〈訴〉、〈詩人〉、〈詩〉、〈貝絲〉、「春天的懷念」五首、〈和風〉、〈夜雨〉、〈臺灣海峽的霧〉等及散文、短篇小說多篇。出版《哀祖國》詩集。

民國四十二年癸巳（一九五三）	三十三歲	發表〈寄台北詩人〉等詩及散文短篇小說多篇。高雄百成書店出版短篇小說集《最後的選擇》、收入〈華玲〉、〈生死戀〉、〈梅蘭馨〉、〈敵人的故事〉、〈最後的選擇〉、〈蔣復成〉、〈姚醫生〉等七篇。大業書店出版長篇小說《閃爍的星晨》一、二兩冊。
民國四十三年甲午（一九五四）	三十四歲	發表〈蓬萊〉、〈海鷗〉、〈鳳凰木〉、〈流螢〉、〈鸚鵡螺〉、〈海邊的城〉、〈長夏小唱〉及散文、短篇小說多篇。
民國四十四年乙未（一九五五）	三十五歲	發表〈雲〉、〈F-86〉、〈獵 GK〉等詩及散文、短篇小說多篇。香港亞洲出版社出版長篇小說《黑森林》、並獲中華文獎會國父誕辰長篇小說第二獎（第一獎從缺）。
民國四十五年丙申（一九五六）	三十六歲	發表〈四月〉等詩及散文、短篇小說多篇。
民國四十六年丁酉（一九五七）	三十七歲	發表〈月亮〉、〈九月之旅〉、〈茉莉花〉等詩及長篇小說《魔障》。
民國四十七年戊戌（一九五八）	三十八歲	暢流半月刊雜誌社出版長篇連載小說《魔障》。
民國四十八年己亥（一九五九）	三十九歲	發表短篇小說、散文多篇。文壇雜誌社出版長篇小說《孤島長虹》（全集中易名為《富國島》）。
民國四十九年庚子（一九六〇）	四十歲	發表〈橫貫小唱〉等詩及散文、短篇小說多篇。
民國五十年辛丑（一九六一）	四十一歲	發表〈熱帶魚〉、〈豎琴〉、〈水仙〉等詩及短篇小說甚多。奧國維也納納雷出版公司編選的《世界最佳小說選》選入短篇說〈馬腳〉，同時入選者有諾貝爾文學獎得主歐廉福克納、拉革克菲斯特等世界各國名作家作品。

民國五十一年壬寅（一九六二）	四十二歲	發表〈青鳥〉、〈兩腳獸〉、〈晚會〉、〈祈禱〉等詩及短篇小說甚多。奧國維也納納爾出版公司又將短篇小說《小黃》（以江州司馬筆名撰寫者）選入《世界最佳小說選》、同時入選者有諾貝爾獎得主蕭洛霍夫、郭沫若及世界各國名作家作品。
民國五十二年癸卯（一九六三）	四十三歲	香港九龍東方文學出版社出版中篇小說《古樹春藤》。發表短篇小說、散文甚多。
民國五十三年甲辰（一九六四）	四十四歲	香港九龍東方文學社出版短篇小說集《花嫁》，收入〈教師爺〉、〈劉二爹〉、〈三媽〉、〈異鄉人〉、〈花嫁〉、〈扶桑花〉、〈南海屠鮫〉、〈高山曲〉、〈古寺心聲〉、〈誘惑〉、〈隱情〉、〈美珠〉、〈新苗〉、〈心聲淚影〉等十四篇。高雄長城出版社出版中短篇小說集《水仙花》，收入〈水仙花〉、〈銀杏表嫂〉、〈圓房記〉、〈江湖兒女〉、〈天鵝〉、〈賭徒〉、〈搶親〉、〈黃龍〉、〈風雪歸人〉、〈花子老爺〉、〈翠雲寺的居士〉、〈人與樹〉、〈過客〉、〈阿婆〉、〈馬腳〉、〈小黃〉等十六篇。高雄長城出版社出版中短篇小說集《白夢蘭》。收入〈情敵〉、〈空手〉、〈師生〉、〈斷夢〉、〈黃昏曲〉、〈白夢蘭〉、〈平安夜〉、〈凱塞琳・萊蒙托夫與我〉、〈陽春白雪〉、〈亂世佳人〉、〈傷心之旅〉、〈白衣清淚〉、〈護士與病人〉、〈如夢記〉、〈除夕〉等十五篇。高雄長城出版社出版《中華日報》連載的二十五萬字長篇小說《白雪青山》。發表短篇小說、散文甚多。
民國五十四年乙巳（一九六五）	四十五歲	高雄長城出版社出版連載長篇小說《洛陽花似錦》、《春梅小史》、《東風無力百花殘》三部。發表短篇小說、散文甚多。省政府新聞處出版長篇小說《合家歡》。
民國五十五年丙午（一九六六）	四十六歲	是年五月赴馬尼拉華僑文教講習會講授「紅樓夢的寫作技巧」及新詩課程一個月。商務印書館出版文學理論專著《紅樓夢的寫作技巧》、全書共十五萬字。商務印書館出版中短篇小說集《塞外》。收入〈塞外〉、〈獅子〉、〈百合花〉、〈天山風雲〉、〈白金龍〉、〈白狼〉、〈秋爾紫鵑〉、〈曹萬秋的衣缽〉、〈半路夫妻〉、〈百鳥聲喧〉、〈風竹與野馬〉、〈美人計〉、〈夜襲〉、〈花燭劫〉等十四篇。

民國五十六年丁未（一九六七）	四十七歲	發表短篇小說、散文甚多。小說創作社出版連載長篇小說《碎心記》。
民國五十七年戊申（一九六八）	四十八歲	小說創作社出版《中華日報》連載長篇小說《鑼姑》。水牛出版社出版散文集《鱗爪集》，收入〈家鄉的魚〉、〈家鄉的鳥〉、〈雪天的懷念〉、〈秋山紅葉〉、〈學問與創作之間〉等散文七十六篇、舊詩三首。
民國五十八年己酉（一九六九）	四十九歲	商務印書館出版中短篇小說集《青雲路》。收入〈世家子弟〉、〈青雲路〉、〈空槍記〉、〈久香〉等四篇。
民國五十九年庚戌（一九七〇）	五十歲	商務印書館出版中短篇小說集《變性記》。收入〈變性記〉、〈嬌客〉、〈歲寒圖〉、〈泥龍〉、〈祖孫父子〉、〈秋風落葉〉、〈老夫老妻〉、〈恩愛夫妻〉、〈布販與偷雞賊〉、〈芳鄰〉、〈沙漠王子〉、〈沙漠之狼〉、〈世界通先生〉、〈寶珠的秘密〉、〈奇緣〉等十五篇。幼獅文化事業公司出版長篇小說《龍鳳傳》。臺北立志出版社出版長篇《火樹銀花》出版全集時易名《同是天涯淪落人》。
民國六十年辛亥（一九七一）	五十一歲	立志出版社出版長篇小說《火樹銀花》。發表散文多篇及在高雄《新聞報》連載長篇小說《紫燕》。
民國六十一年壬子（一九七二）	五十二歲	闢道出版社出版散文集《浮生集》。收入〈文藝的危機〉、〈貝克特高風〉、〈五十年華〉等散文十三篇、舊詩六首。學生書局出版短篇小說散文合集《斷腸人》。收入短篇小說〈斷腸人〉、〈薇薇〉、〈相見歡〉、〈滄桑記〉、〈恩怨〉、〈夜宴〉等七篇及散文〈文學系與文學創作〉、〈大學國文教學我見〉、〈作家之死〉等十五篇。 中華書局出版《墨人自選集》五大冊。包括長篇小說《白雲青山》、《鑼姑》、《鳳凰谷》、《江水悠悠》（《東風無力百花殘》易名）及《短篇小說、詩選》（精選短篇小說二十八篇、抒情詩一〇六首）、共一百五十萬字。
民國六十二年癸丑（一九七三）	五十三歲	發表散文多篇。列入英國劍橋國際傳記中心（International Biographical Centre Cambridge England）出版的《國際詩人名錄》（*International Who's Who in Poetry, 1973*）。

民國六十三年甲寅（一九七四）	五十四歲	出席第二屆世界詩人大會。 發表散文多篇。
民國六十四年乙卯（一九七五）	五十五歲	列入正中書局出版的《中華民國文藝史》（1975）。發表〈臺北的黃昏〉新詩一首及散文多篇。
民國六十五年丙辰（一九七六）	五十六歲	列入英國劍橋國際傳記中心出版的 *Men of Achievement. 1976* 發表〈歷史的會晤〉新詩及散文、短篇小說多篇。
民國六十六年丁巳（一九七七）	五十七歲	應 I.B.C 邀請於三月間赴義大利翡冷翠出席國際文藝交流大會（The 3rd I.B.C. International Congress on Arts and Communications）。會後環遊世界。發表〈羅馬之雲〉、〈羅馬之松〉、〈翡冷翠的女郎〉、〈翡冷翠之柳〉、〈塞納河〉等詩及羅馬掠影」、〈單城記〉、〈威尼斯之旅〉、〈藝術之都翡冷翠〉、〈西雅奈與比薩斜塔〉、〈美國行〉、〈江戶、皇宮、御苑〉、〈環球心影〉等遊記。 在《中國時報》發表有關中國文化論文〈中國文化的三條根〉，在《新生報》發表〈文藝界的『洋』瘋癲〉等多篇。
民國六十七年戊午（一九七八）	五十八歲	近代中國社出版長篇傳記小說《詩人革命胡漢民傳》。 列入英國劍橋國際傳記中心出版的《國際名人辭典》（*Dictionary of International Biogaphy.1978*）、《國際知識分子名錄》(*International Who's Who of Intellectual. 1978*、《國際人名剪影》 *International Register of Profiles*）、《國際社會名人錄》（*International Who's Who in Community Service*）、發表〈六月之荷〉詩一首。 在各報發表〈中國文化的宇宙觀〉、〈中國文化的真面目〉、〈文化、社會形態與當代文學創作（為亞洲文學會議而作）〉、〈人與宇宙自然法則〉等。 出席亞洲文學會議。　列入中華書局出版的《中華民國當代名人錄》(*Who's Who of R.O.C. 1978*）　列入行政院新聞局編印的一九七八年英文《中華民國年鑑名人錄》（*China Yearbook Who's Who*）。

民國六十八年己未（一九七九）	五十九歲	學人文化事業有限公司出版長篇小說《心猿》（《紫燕》易名）。發表短篇小說《春》、《杏林之春》、長詩《夏吉米・卡特》及《山之禮讚》五首。短篇《客從故鄉來》、《人瑞》。理論《中國古典小說戲劇》、《抗戰文學的整理與再創作》（《中央日報》）等多篇。
民國六十九年庚申（一九八〇）	六十歲	秋水詩刊社出版詩集《山之禮讚》，收集六十四年以後新詩四十四首及七言絕律詩十首。　中華日報社出版散文集《心在山林》，收集《花甲聲中過》、《老當益壯》、及抒情寫景散文數十篇。 臺中學人文化事業出版有限公司出版《墨人散文集》收集《文化、社會形態與當代文學創作》、《人與宇宙自然法則》、《中國文化的三條根》、《宇宙為心人為本》、《文藝界的『洋』瘋癲》等理論性散文數十篇。 在《中央日報・副刊》發表《紅樓夢研究的正確方向》、《中華日報・副刊》發表《人生六十樹常青》、《青年戰士報・新文藝副刊》發表《山中人語》專欄文章《山水之間》、《生命長短價值觀》、《寶刀未老》、《七進七出鬼門關》、《報人甘苦》、《杏壇生涯》等。 接受《大華晚報》採訪組副主任程榕寧兩次訪問，一為談胡漢民生平，一為談《易經》、《道德經》、命學，並發表《醫學命學與人生》專文。
民國七十年辛酉（一九八一）	六十一歲	繼續撰寫《山中人語》專欄。 應臺中市《自由日報》特約撰寫《浮生小記》專欄。 應行政院新聞局邀請參觀本省農漁畜牧事業單位，並在《中央日報》發表《人在福中》散文。 接受臺灣廣播公司《成功之路》節目訪問，於四月廿七日晚八時半播出。 在高雄《新聞報》發表《撥亂反正說紅樓》（六月十七、十八日）論文。
民國七十一年壬戌（一九八二）	六十二歲	九月赴漢城出席第二屆中韓作家會議，並在東京參加中日作家會議，曾暢遊南韓、北海道、大阪至東京名勝地區，歸後撰寫《韓國掠影》、《秋遊北海道》，發表於《中央日報》。 列入中華民國名人傳記中心出版的《中華民國現代名人錄》。

		列入英國劍橋國際傳記中心出版的《傑出男女傳記》（*Men and Women of Distinction*）並附照片。 列入美國 MarQuis 公司出版的《世界名人錄》（*Who's Who in the World*）第六版。 接受義大利藝術大學授予的文學功績證書。
民國七十二年癸亥（一九八三）	六十三歲	商務印書館出版散文集《山中人語》、收集散文七十篇。
民國七十三年甲子（一九八四）	六十四歲	商務印書館出版《論墨人及其作品》上、下兩冊，包括評論文章六十餘篇。 列入義大利 Accademia Itlia 出版英、法、德、義四種文字的《國際文學史》（*The History of International Literature*）及《百科全書：當代人物（*The Encyclopadeia: Contemporary Personalities*）》。 端午節（六月四日）開筆撰寫已構思準備十餘年的一百餘萬字的大長篇小說《紅塵》，年底完成初稿四十餘萬字。 十月在韓國漢城舉行的第四屆中韓作家會議，事忙未能出席，但提出一萬餘字的論文（古典與現代）一篇。
民國七十四年乙丑（一九八五）	六十五歲	由江山出版社出版《三更燈火五更雞》、《花市》散文集等兩本，前者收入散文、理論二十四篇，後者收入散文遊記二十七篇。 八月一日退休，專心寫作《紅塵》，於十二月底完成九十二章，告一段落，共一百二十萬字，超出《紅樓夢》十餘萬字，內有絕律詩（聯）三十二首。
民國七十五年丙寅（一九八六）	六十六歲	年初開始研讀《全唐詩》，撰寫《全唐詩尋幽探微》，十一月完成，共十二萬餘字，一面在《新聞報•西子灣》發表，並連同歷年所作絕律詩三十七首，定名為《墨人絕律詩集》，一併交與臺灣商務印書館簽約出版。 列入美國 A.B.I.出版的 5000 Personalities of the World，英國 I.B.C.出版的 *The International Authors and Writers Who's Who.*

民國七十六年丁卯（一九八七）	六十七歲	訪問考察東南亞地區，國家馬來西亞、新加坡、泰國、菲律賓、香港十七天，並出席多次座談會。 商務印書館出版《全唐詩尋幽探微》（附《墨人絕律詩集》）。 《紅塵》長篇小說於三月五日開始在《臺灣新生報》連載。 七月四、五日出席在臺北市召開的抗戰文學研討會。 八月一日出席在高雄市召開的第七屆中韓作家會議。
民國七十七年戊辰（一九八八）	六十八歲	元月二日完成《全唐宋詞尋幽探微》（附《墨人詩餘》），全書十六萬字。設於美國深受世界尊重的「國際大學基金會」（The Marguis Giuseppe Scicluna 1855-1907 International University Foundation）（Founded 1973）授予榮譽文學博士學位。
民國七十八年己巳（一九八九）	六十九歲	臺灣商務印書館出版《全唐宋詞尋幽探微》。 臺北大地出版社三版長篇小說《白雲青山》。 世界大學（World University）授予榮譽文學博士學位。
民國七十九年庚午（一九九〇）	七十歲	五月應大陸黃河文化實業公司邀請，作四十天文學之旅，與北京、上海、杭州、九江、武漢、西安、蘭州等地作家座談中華文化、文學創作，坦誠交換意見，獲得一致共識，真摯友情與尊敬，廣州電視臺並全程錄影，製作專輯播出，六月底返臺後即撰寫《大陸文學之旅》專著。 艾因斯坦國際學院基金會（Albert Einstein 1879-1955 International Academy Foundation）授予榮譽人文學博士學位。 榮列英國劍橋國際傳記中心出版的 IBC Book of Dedications，占全書篇幅五頁，刊登照片五張，介紹五十年創作生涯，十分翔實，篇幅之大，為全書冠，並禮聘為 IBC 副總裁。
民國八十年辛未（一九九一）	七十一歲	二月底新生報出版《紅塵》，二十五開本，上、中、下三鉅冊。黎明文化事業公司出版《小園昨夜又東風》散文集。 應香港廣大學院禮聘為中國文學研究所客座指導教授。 《紅塵》榮獲新聞局著作金鼎獎及嘉新優良著作獎。

民國八十一年壬申（一九九二）	七十二歲	文史哲出版社出版《大陸文學之旅》。 應聘香港廣大學院中研所客座指導教授。 一月五日開筆寫《紅塵續集》，自九十三章起至一百二十章止，共四十萬字，六月十日完稿，《紅塵》全書共一百九十萬字。續集自十二月一日開始在《臺灣新生報・副刊》連載近年，雙破長篇鉅著及連載紀錄。中國廣播公司《中廣小說選播》節目，亦於十二月一日十四時三十分，在AM657千赫第一廣播網開始播出長篇鉅著《紅塵》上、中、下三冊，由戴愛蓮小姐導播，集該公司播音精英，通力合作，龍老夫人一角由播音元老白銀飾演，其餘人物均為一時之選，效果奇佳，前所未有。　北京「中國文聯出版公司」出版《也無風雨也無晴》。 墨人故鄉九江《師專學報》，於本年起開闢《墨人研究》專欄，與《陶淵明研究》、《黃山谷研究》，並稱三大專欄，甚受教育、學術界重視。
民國八十二年癸酉（一九九三）	七十三歲	十月下旬，偕《秋水》詩刊同仁涂靜怡、雪柔、麥穗、汪洋萍、風信子、林蔚穎等為慶祝《秋水》創刊二十周年，訪問哈爾濱、北京、西安三大都市，與當地詩人座談交流，水乳交融，兩岸詩人因而建立深厚友誼。十一月初，隻身訪問昆明，探親，昆明作協主席曉雪、八十多歲老作家李喬、小說家張昆華、《春城晚報》副總編輯熊廷武，副刊主編原因，理論家教授余斌，作家湯世傑、李錦華等集會歡迎，其中多為白族、彝族等少數民族作家，乃以雲南少數民族文化資源努力創作相勉，深獲共鳴。資深作家彭荊風，晚間並來下榻處暢談。 繼續應聘香港廣大學院中研所客座指導教授三年。 十二月新生報社出版《紅塵續集》，全書共四大冊，其實前後一貫，為一整體，該報為方便，乃以《續集》名之。一生心願心血得以完成，在輕、薄、短、小及商品文學獨占市場情況下，亦一大異數。北京「中國文聯出版公司出版《紅樓夢的寫作技巧》。

年代	年齡	事蹟
民國八十三年甲戌（一九九四）	七十四歲	一月開始研讀自北京購回的《全宋詩》，擬續寫《全宋詩尋幽探微》。 四月十一日接受臺北復興廣播電臺《名人專訪》節目主持人裴雯小姐訪問；談一生寫作歷程及大長篇《紅塵》寫作經過。 臺北《世界論壇報》副社長兼副刊主編詩人評論家周伯乃先生，特自五月三十一日起一連三天出版特刊，慶祝七十晉五誕辰暨創作五十五周年，除刊出〈小傳〉、〈七五人生一首詩〉、〈中國新詩與傳統詩詞的整合〉、〈叩開生命之門〉三篇新作外，並刊出蒙古族女詩人作家薩仁圖婭的〈墨人：屈原風骨中華魂〉，及馬來西亞霹靂州立女子中學校長、詩詞家、散文作家彭士麟女士論《紅塵》與大陸作家作品比較的書信、墨人著作校長、詩詞家、散文作家彭士麟女士論《紅塵》與大陸作家作品比較的書信、墨人著作目錄、美國兩個榮譽文學博士、一個人文學博士照片三張、《紅塵》獲獎照片一張、及周伯乃〈無限的祝禱〉文等。 八月七日，中國時報系的《工商日報‧讀書版‧大書坊》刊出蓓齡的《紅塵》墨人專訪文章，並配合攝影記者何日昌拍攝的墨人及《紅塵》四冊照片。 大陸廣州暨南大學中文系教授兼臺港暨海外華文文學研究中心主任、評論家潘亞暾，費時月餘撰寫《紅塵續集》論文達一萬餘字的〈偉大史詩的歸結〉，於九月二十一至二十五日在臺北市《世界論壇報‧副刊》全文刊出，見解不凡，對《續集》的成功更使他大吃一驚，因此，更肯定《紅塵》的史詩價值、地位。 八月二十八日第十五屆世界詩人大會在臺北召開，僅提出〈中國新詩與傳統詩詞的整合〉論文一篇、並未出席，論文則由《中國詩刊》主編曾美霞女士代讀。
民國八十四年乙亥（一九九五）	七十五歲	一月，臺北文史哲出版社出版《墨人半世紀詩選》（一九四二－一九九四）。 一月十日應臺北廣播電臺《藝文夜話》主持人宋英小姐訪問，許導播秀玲決定十日開播《紅塵》全書四冊，每日廣播兩次。 中國詩歌藝術學會主辦、中國文藝協會協辦，於五月二十二日在臺北市中國文藝協會舉行《墨人世半紀詩選》學術研討會，與會詩人、評論家六十餘人，討論情況熱烈，並印發海峽兩岸評論家王常新、古繼堂、古遠清、李春生、楊允達、周伯乃等十三家論文專集。各家均推崇，肯定新舊詩兩方面的成就與半個多世紀的貢獻。

		英國劍橋國際傳記中心頒贈二十世紀文學傑出成就獎。 榮列一九九五年英國劍橋國際傳記中心出版的 The Definitive Book of the Deputy Directors General of the IBC，佔全書篇幅五頁，刊登照片五張，爲全書之冠。
民國八十五年丙子（一九九六）	七十六歲	臺北圓明出版社出版涵蓋儒、釋、道三家思想的散文集《紅塵心語》。卷首有珍貴的文學照片十餘張。 臺北中國詩歌藝術學會出版《十三家論文》論《墨人半世紀詩選》。
民國八十六年丁丑（一九九七）	七十七歲	臺北中天出版社出版與《紅塵心語》爲姊妹集的散文集《年年作客伴寒窗》，各篇亦均以五、七言詩作題，內中作者詩詞亦多，並附錄珍貴文學資料訪問記、特寫、著作目錄等十餘篇。出任「乾坤」詩刊顧問，並主編該刊古典詩詞。 完成《墨人詩詞詩話》、《全宋詩發幽探微》兩書全文。
民國八十七年戊寅（一九九八）	七十八歲	構思六年的以佛學精義結合修行心得化爲文學創作的長篇小說《娑婆世界》，於三月二十八日開筆，十二月脫稿。共三十八章，五十多萬字。 英國劍橋國際傳記中心（IBC）出版《二十世紀傑出人物》以照片配合文字將墨人傳記刊卷首重要位置，並頒發獎狀。大陸中國國際經濟文化交流促進會、燕京國際文化藝術研究會等七大單位編纂出版的《世界華人文學藝術界名人錄》，中國國際交流出版社出版的《世界名人錄》，均爲十六開巨型中文本。
民國八十八年己卯（一九九九）	七十九歲	本年爲來臺五十周年，創作六十周年，中國習俗八十歲，昭明出版社出版長篇小說《娑婆世界》。 美國傳記學會（ABI）出版二十世紀《五百位有影響力的領袖》，以照片配合文字將墨人傳記刊於卷首重要位置並頒發獎狀，照片及詩詞五首編入中國《當代吟壇》巨著。　美國「世界智庫」與艾因斯坦國際學會基金會」聯合頒贈墨人傑出成就榮譽獎，以紀念千禧年，並榮列中國出版的《中華精英大全》。 美國傳記學會頒贈墨人「二十世紀成就獎」。

民國八十九年庚辰（二〇〇〇）	八十歲	臺北昭明出版社陸續出版定本長篇小說《白雪青山》、《滾滾長江》、《春梅小史》；文學理論《紅樓夢的寫作技巧》，連同民國八十八年出版的長篇小說《娑婆世界》，並列為墨人一系列代表作品，以慶祝墨人八十整壽。 臺北詩藝文出版社出版《墨人詩詞詩話》。 臺北文史哲出版社出版《全宋詩尋幽探微》。
民國九十年辛巳（二〇〇一）	八十一歲	臺北昭明出版社出版長篇小說定本《紅塵》全書六冊及長篇小說《紫燕》定本。
民國九十一年壬午（二〇〇二）	八十二歲	五月三日偕長子遷翰赴上海訪友小住。 英國劍橋國際傳記中心授予「終身成就獎」。
民國九十二年癸未（二〇〇三）	八十三歲	八月底偕夫人及在臺子女四人經上海轉往故鄉九江市掃墓探親並遊廬山。
民國九十三年甲申（二〇〇四）	八十四歲	準備出版全集（經臺北榮民總醫院檢查無任何疾病。）巴黎 you-Feng 書局出版豪華典雅法文本《紅塵》。
民國九十四年乙酉（二〇〇五）	八十五歲	此後五年不遠行，以防交通意外，準備資料。計劃百歲前開筆撰寫新長篇小說。 北京「中央出版社」出版《強國丰碑》，以著名文學家張萬熙為題刊出墨人傳略，為臺灣及海外華人作家唯一入選者。並先後接到北京電話、書函邀請寄送資料編入《一代名家》、《中華文化藝術名家名作世界傳播錄》。
民國九十五年丙戌（二〇〇六）至民國一百年（二〇一一）——	八十六歲至九十二歲——	重讀重校全集，已與臺北市文史哲出版社簽訂出版《墨人博士作品全集》合約，民國一百年年內可以出版。此為「五四」以來中國大陸與臺灣所未有者。